まずは1人で
年1000万円
稼ぐ！

個人事業のはじめ方

大槻貴志
OTSUKI TAKASHI

明日香出版社

はじめに

▼まず、独立・起業を考えている人は個人事業からはじめよう

リーマンショックといい、東日本大震災といい、コロナショックといい、ここ10年あまり立て続けに、日本経済を揺るがす大きな出来事が起きています。

このような不景気の中では、多くの方がリスクを避けて行動しようと思うのは、人の心理として自然な流れです。

ところが、10年近く起業支援をしていて気づいたのは、不安定な時に起業志望者は増えるということです。一方で景気のいい時には起業志望者は減るのです。

もしかすると、頼っていたものが頼りないことに初めて気づき、自分で何とかしようと思うのかもしれません。

さて、本書を手にとったあなたも、「ゆくゆくは独立したい」「従業員は雇わず、自分らしくて自由な個人事業をはじめてみたい」などと、考えているのではないでしょうか？

もし、そのように考えているのでしたら、私はあなたの力になれると自負しています。

まず、私自身がこと起業においては、本当にさまざまな経験を持っているからです。

また、多くの方の起業支援を通して、起業準備が順調に進む方と、止まってしまう方を数多く見てきました。

経験を通して、どうしたら起業で成功できるのか、見えてきたことがあります。

少しここで、私の自己紹介しましょう。

▼14歳からスタートした起業人生

私は「新規事業の中毒者」というコピーを自分につけています。中学生の時に起業に目覚め、それ以来、新しいビジネスを立ち上げることを常に考え続けてきました。

今、この書籍を書いている瞬間も、例外ではありません。

私のさがが余計な苦労もせずに安定した生活を送ることを許さず、新規事業への誘惑がいつも目の前にちらついてきます。いつも新しいことにチャレンジばかりして、痛い失敗をかなり繰り返してきました。そのおかげで、こうやって皆様に自分の経験をベースとした起業本をお送りすることができています。

私の起業準備は14歳の時からスタートしました。

まずは新聞を読みあさり世の中の仕組みについて勉強をし、高校時代は営業力を鍛えるために飛び込み営業のアルバイト、大学では人脈作りにいそしみ、企業会計を学びました。会社員時代はマネジメントスキルを高め、社外で事業計画書作りなど経営に関する基礎知識もたたき込みました。

ビジネス書も何百冊と読み込み、起業スキルを身につけたので、起業で絶対に成功するだろうと思ったら、最初の事業は惨敗でした。

立ち上げたデジタルコンテンツの販売サービスは全く売れず、借金返済にいきなり苦労します。その後販売サービスから受託制作業に転換をし、社員も10人ほどまで成長させることができましたが、私の組織マネジメントが全く機能せず空中分解。

この時、自分が何をしたいのかわからずに、路頭に迷うことになりました。

私が考えていたそれまでの起業準備だけでは、成功できないことに気づきはじめます。

そして、成功者と自分との違いは何かということに興味を覚えるようになりました。

私が転機を迎えたのは、ユーグレナを創業した出雲社長や、ライフネット生命を創業した出口社長など、数多くの成功した起業家と直接お会いして、インタビューできる機会を得た時からです。

うまくいく人は例外なく、事業を通して社会をどのように変えたいのか、というものを持っていたのです。どうやって儲けるかは二の次のようでした。

それまでテクニカルに対処すれば、起業家として成功すると思っていた自分としては大きなショックとなり、また転換点となりました。

これを機に事業は軌道に乗り、数多くの起業家を支援することができるようになったのです。

▼新しいことにチャレンジしたい方に読んでほしい起業本

私は、多くの方が本当にやりたいことを仕事にして、お金の心配がないストレスフリーな状態になってもらいたいと思っています。

会社員でもやりたいことができているなら、それでかまいません。

しかし、今の仕事はやりたくないという心の声が聞こえるようでしたら、やりたいことを軸に、まずは個人事業をはじめてみたらと思います。

私は、個人事業主で頑張ると決めた方はもちろん、ゆくゆくは会社を大きくしたいと考えている方にも、「個人事業からはじめてみよう」とアドバイスしています。

この書籍でいう個人事業とは従業員を雇わず、一人でビジネスを切り盛りする方法を指します。

ですので、個人事業主だけでなく、法人だけど経営者一人しかいないようなケースも入ります。

個人事業として年1000万円を稼ぐにはどうしたらいいかを伝え、その年1000万円の壁をクリアーしたら、従業員を雇って会社を大きくするステージに行けばいいと、私は考えています。

起業するのであれば、収入アップのために働き方を変えるだけでなく、何かしらのビジネスを自分で立ち上げる力も身につけてほしいと思っています。

なぜなら、その力がどんな世界であっても、誰かに依存することなく、自分の力で生き抜いていけるサバイバル力をもたらしてくれるからです。


起業は大金持ちになれるチャンスをもたらしてくれますが、儲けることだけを狙って失敗した人を数多く見てきました。稼ぐことにばかり意識が向いてしまい、事業へのモチベーションが下がり、失敗してしまうのです。

その理由は、後ほど本編で紹介していきたいとも思います。

・どうやって儲けるのかわかっても、やりたいことではなかったら意味がないこと
・経営を安定させるためにも、リスクの少ない個人事業からはじめてみること

個人事業からはじめて、経営に慣れていきつつ、稼ぐ力を身につけていく方法を本書で紹介していきます。

▼あなた自身の中に起業成功の種はある

この書籍には、ここ10年近くの起業支援のノウハウを詰め込みました。

20年近く前から、企画塾という塾を通して人材育成をし、起業支援という形で個別の起業支援をするようになって10年です。


この10年、最初からこの書籍の内容で支援していたかというと、そんなことはなく、支援しながら日々改善し続けてきました。結果として初期の頃と今とではだいぶ内容が濃くなり、自分の考え方も変わってきたことに気づいています。

もし5年後に書くとしたら、また違ったことを書いているかもしれません。

それほど、起業というものには正解がなく、必ず成功する方法というものがないということです。

だからこそ、最終的に頼れるのは自分だけです。

・自分がどうしたいのか？
・自分がどこまでやり続けたいのか？

・自分が何を求めているのか？
・自分は誰から認められたいのか？

誰かが答えを持っているわけではなく、最終的に自分自身が気づくしかありません。

私は起業支援をしていて「青い鳥の童話」をよく思い出します。
あちこちの世界にいって、幸せにしてくれる青い鳥を探すのだけど、どこの世界で見つける青い鳥も連れ帰ると青い鳥でなくなってしまい、実は家にいた鳥が本当の青い鳥だったという童話です。

皆さん、起業の成功要因を自分の外に求めようとするのですが、実は自分自身がすでに持っていることに最後には気づきます。

起業は童話のように予期せぬ出来事が起きたり、今まで見ることができなかった世界を見ることができたり、大変な冒険の連続です。

そして、ハッピーエンドになるストーリーを自分で書くことができます。

・大変であっても、自分が乗り越えて来たことに対する自信
・行った積み重ねが無駄にならないという喜び
・過ごしてきた人生に対して後悔がないという自負
・他人に振り回されず、自分の生き方を貫ける幸せ

これを味わえるのは起業しかありません。

この本のタイトルにある通り、まずは年１０００万円稼ぐ個人事業主を目指してみましょう。個人事業でやりたいことを継続していくのか、はたまた、会社を大きくしていくのかは、その時のあなた次第です。

こう考えると、ワクワクしてきませんか？

この書籍を通して、一人でも多くの方が新しい道を自分で切り開くことを願っています。

大槻 貴志

目次：まずは1人で年1000万円を稼ぐ！　個人事業のはじめ方

第2章　起業成功を左右する分岐点

第3章　起業するならまず個人事業から

第4章　年1000万円稼ぐのに必要なパーソナルブランディング

第5章　起業アイデアの見つけ方

第８章　法人にすべきかどうかの分岐点

第9章　起業に関わるお金の話

第10章　起業にあたって必要なマインドセット

カバーデザイン：萩原弦一郎

第 1 章

起業のメリット、デメリット

起業だからこそ得られる3つの自由

起業することによって得られる自由として3つの自由が考えられます。**時間の自由、場所の自由、そして人間関係の自由**です。これらは会社員では得られない自由で、起業をすることの大きなメリットでもあります。

私は20年前に起業して以来、会社員に戻りたいと思ったことが一度もないぐらい、この自由を手放せなくなっているのです。

▼時間の自由

起業してしまえば、会社員のように始業時間はありませんので、毎日決められた時間に会社に行く必要もありません。いつ、何時間働くかは自分で決められます。

ということは、夜遅くまで起きていて仕事をし、朝遅くまで寝ていてもいいですし、逆に早朝に起きて仕事に集中するのでもかまいません。何でもありです。

私はどちらかというとワーカホリックのほうなので、労働時間は長めですが、いつ働くかは自由に決められるので、働いている時間帯はかなり適当です。

たとえば、少し仕事をしてから、運動をして、また仕事に戻り、好きな本を読んで情報収集してから、また仕事、そして子供の面倒を少し見たら夜はまた仕事……。

こういったように日々時間を自由に使っています。

一方、会社員の時には、仕事が早く終わっても就業時間までは会社にいなくてはいけないことが、多々ありました。

「無駄な時間を過ごしていたことがあったなぁ」

そんなことをふと思い出します。

▼場所の自由

ウイルス感染症などでテレワークといった言葉が一般的になりました。

起業して得られる場所の自由はもっと格段です。自宅はもちろんのこと、パソコンがあれば飲食店や公園でも仕事ができます。

私は新宿御苑の近くに住んでいるので、天気がいい時は新宿御苑のテラスで仕事をしたりすることもあります。

　また、パソコンさえあればできる仕事なら、旅行先で旅行しながら仕事をすることもできます。

　実際に、翻訳の仕事をしていた私の教え子は、帰る切符を持たずに海外に出ていき、海外旅行を続けながら、インターネットでお金を稼いでいました。日本に戻って来るつもりもありません。

　私の知り合いでコーチングサービスを提供している方は、アメリカに居ながらコーチングサービスを日本人に提供したりしています。今やパソコンがあれば、インターネットに接続でき、どこでも仕事ができる時代なのです。

　さらに、パソコンを使うような仕事ではなく、何かサービスを地域に提供するような仕事であっても、どこでお店を開くのかは自分が決められます。都会であれ田舎であれ海外であれ、どこでも自由です。

　一方、会社員の場合、転勤や異動の辞令があれば、それに従うしかありません。起業によって自分が働きたくない場所で働くということから解放されるのです。

▼人間関係の自由

もしかしたら、誰とつき合うのか、自分で決められる自由が一番重要かもしれません。

会社員の場合だと、仕事をする相手を選べません。嫌いな上司や、相性が悪い同僚、さらにストレスが溜まる部下などがいて、日々悩まされている方も少なくないでしょう。

起業すれば、もちろん上司などいませんし、自分と相性が合う人とだけ仕事をすることだって、可能です。

そして何より**起業のメリットは顧客を選べる**ということです。誰とつき合うのかは自分で決められるので、自分にとってストレスが溜まると思う顧客がいれば、避けることができるのです。

私の今の仕事も、自分がつき合いたいと思う顧客とのみ仕事ができているため、ストレスが溜まりません。

会社員時代、胃を痛くさせられる取引先が何社もありました。自分が相手にしたくない顧客でも、サービスしなくてはいけなかったことを考えると、これは大きな違いです。

これは後述しますが、何も**嫌味っぽく顧客を断ったりするのではなく、自分がつき合いたい顧客だけが近づけるように設計できる**のです。

仕事の多くは人づきあいをしないとできません。そのため、誰とつきあうのか選べるかどうかは、非常に大きなポイントとなります。

▼お金の自由はありそうでない

もしかしたら、独立をする目的の中に「大金持ちになりたい」というものもあるかもしれません。

たしかに、メディアでとり上げられる大金持ちはサラリーマン社長よりも創業社長のほうが多いですよね。「起業＝大金持ちになれる」という図式ができ上がっているのでしょう。

起業で得られる収入は自分しだいなので、会社員時代では得られない収入を得られる

起業によって得られる３つの自由

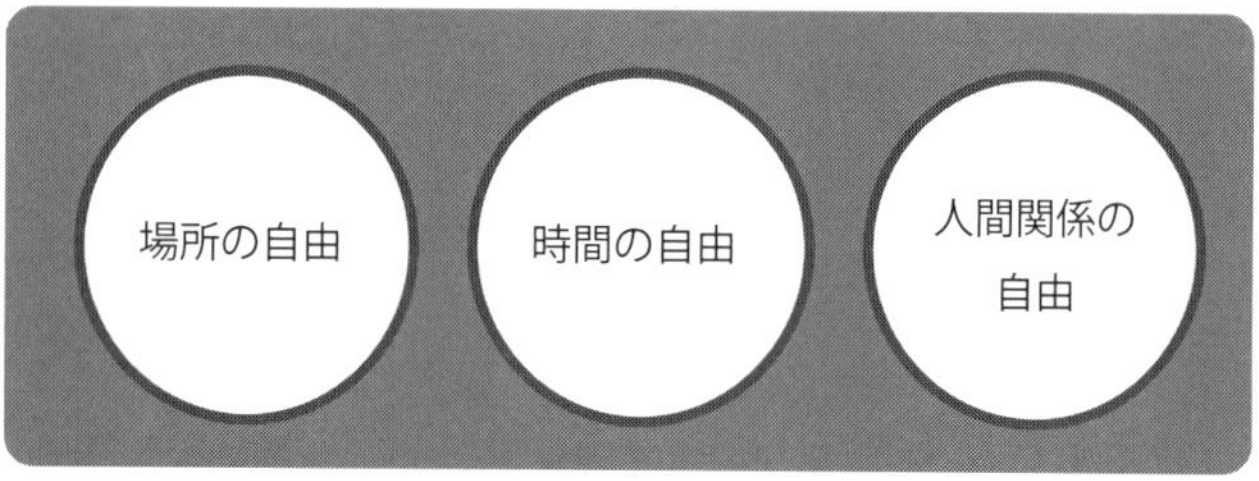

お金の自由は本人の努力次第で得られる！
この本のタイトルになっている、個人事業で年1,000万円は、
十分達成可能！

チャンスがあるのは事実です。

この本のタイトルとなっている個人事業で年収１０００万円は、夢の数字ではなく、充分に達成できる数字です。２０００万円や３０００万円といった数字を個人事業で達成している人を何人も知っています。

ここまで読むと、起業すればお金に不自由しないと思われるかもしれませんが、そこにはいくつものトラップがあるのです。

会社と個人のお金が混ざる

すでに起業している人が飲食店などで「領収書をお願いします」という言葉を聞いたことはありませんか？

それを聞いて「会社のお金で飲めてうらやましい」と思うことがあるかもしれません。

大企業や社員を何十人も抱えているような中小企業でない限り、自分のふところが痛まずに会社のお金で飲めるということは、まずありません。

個人企業の場合、会社の経費と言いつつ、結局自分の財布から払うことになるからです。

法律上、会社の財布と個人の財布は別物です。あくまでも会社のお金は会社のものですので、個人は会社からもらった給与の中でやりくりするのが基本です。

ところが、起業したての頃や会社が小さい時には、会社と個人のお金が混ざりがちです。

なぜなら、会社のお金が足りなくなると、自分のお金から立て替えて支払うということが頻繁に起きるからです。

つまり、**会社の経費も使いすぎれば、結局自分の財布から支払わなくてはいけなくなる**ということです。

また、売上が上がってお金が入ったからと喜んでお金を使っていると、１年後に税金を支払うという最大の義務が発生します。会社のお金は会社に所属し、好き勝手に使うことはできません。某お笑い芸人が税金の未納で国税庁から摘発されたように、無申告で許してくれるほど国は優しくありません。

その時、お金がないからといっても許してくれるわけではなく、資産などが差し押さえされてしまいます。

ここでは、現実的に会社と個人のお金が混ざりがちになるということと、好き勝手に自由にお金が使えるわけではないということを、覚えておきましょう。

事業が失敗すれば全責任を持つ

個人事業主は無限責任と言われ、事業が失敗した時に発生した債権についてどこまでも責任を負わなくてはいけません。

つまり、事業の失敗によって引き起こした損害や支払い義務のある費用、返済義務のある融資などは、どこまでも追いかけられるのです。

株式会社などは有限責任会社といって、会社が失敗した責任をどこまでも追及はされないというのが本来は基本です。

ところが、現実的には融資を受ける時、社長自身が連帯保証人として借金の返済責任者となる必要が出てきます。

そのため、実質無限責任と言ってもいいでしょう（※最近は連帯保証がない起業家向けの融資制度なども存在します。年度によって制度が変わる可能性があるため、詳しくは日本政策金融公庫にお問い合わせください）。

また、現在、全国で多くの事業承継問題が起きています。この問題の一つが会社の連帯保証にあります。

会社を閉じたくても会社が負っている負債の責任をどこまでも追及されるため、会社を潰すと会社の全借金を社長が返さなくてはいけなくなるのです。会社を潰したくても潰せないと悩んでいる社長は少なくありません。

会社員の場合、業務上で失敗をして会社に大きな損害を与えたとしても、よほどの故意でないかぎり、事業失敗の全責任を押しつけられることは、まずありません。

つまり、起業をして一生懸命にお金を貯めたとしても、一瞬のミスで吹き飛んでしまう可能性があるということです。

安定した収入の保障がない

会社員は給料が保障されていて、起業家は給料が保障されていません。会社員の方ならば、ごく当たり前のこととして理解されているでしょう。

給料が保障されているありがたみは、実際に起業をして実感してみないと、わかりません。

私が最初にネット上でデジタルコンテンツの販売ビジネスをはじめた時、あまりにも商品が売れなくてどん底の状態が続きました。来る日も来る日もメールをチェックしても注文がまったく来ないのです。

もちろん、仕事をさぼっていたわけではなく、売るためにサイトを見やすいように工夫したり、コンテンツを追加したり、いろいろなことをしていました。それでも働いても働いてもお金が入ってこないのです。

そんな時、会社のポストに入っていた「チラシ配り募集！ 時給１０００円」のチラシを見て、なんていい仕事なのだろうと思いました。

なぜなら、チラシ配りは何枚配れたかは関係なく、1時間仕事をしたら確実に1000円保障してくれるからです。

その時の私は、1時間仕事をしても1円も儲けることができませんでした。むしろ、経費を使ってマイナスになることすら、ありました。


これは大きな違いです。

日本の労働環境はかなり守られていて最低賃金は保障されていますし、会社員であれば簡単にクビになることはありません。非常に手厚く保護されているのです。

もし、仕事内容を問わず、確実にお金がもらいたいのであれば、会社員がベストです。大きなリターンはないかもしれませんが、お金に関するリスクは確実に抑えられるからです。

起業はハイリスクか？

起業を決意し、周りに相談すると、だいたい周りからは「危ないのでやめなさい」と言われます。どうも、起業＝リスクが高いという考えが定着していますが、本当にハイリスクなのでしょうか？

起こりうる危機を予測し、周りの力を借りる勇気さえあれば、起業のリスクは大幅に減らすことができます。

▼会社生存率は気にしない

起業を目指す皆さんにとって気になるのは、起業をしてはたして生き残れるのか、ということではないでしょうか？

巷にはいろいろなデータがあり、ネットで検索すると、会社が設立されてから10年後の生存率1割とか数パーセントとか言われています。一方、帝国データバンクの調査によると、10年後の生存率7割という真逆の数字まであります。

なぜ、このように生存率がはっきりしないのでしょうか？

それは、会社設立時の開業届や登記などはしっかりデータがとれているにもかかわらず、**廃業に関しての数字が正確にとれていない**からです。

会社をしっかり閉じるには、手続きや閉鎖登記という作業が必要になるのですが、多くの方が面倒に思ったり、お金がなかったり、「いつか復活させよう」などと思って、そのままにしてしまうのです。これらを休業、休眠状態と言います。

私自身、過去に会社を作り、事業が立ちゆかなくてそのまま放置して休業状態にしている会社がいくつかあります。休業状態だと登記上は存在する会社となってしまうため、廃業としては取り扱われないのです。

また、いわゆる倒産というのは通称で、会社が支払い不能状態になった時に使われる言葉です。倒産＝廃業ではなく、倒産したとしてもスポンサーなどの力によって、再建することもあります。

つまり、倒産件数から生存率をはじき出すことも難しいということです。

このように正確なデータが得られない以上、確率論で何年会社が続くのか予測することはあまり意味がありません。

ただ一般的には、10年続けられるのは10社に1社といったようなイメージが定着しているため、起業は危険、というようなイメージが定着しているだけです。

▼起業に大ダメージを与える経済危機

会社生存率よりも、抑えておきたいことがあります。

それは、だいたい10年に一度の間隔で起きる経済環境の劇的な変化です。2008年には記憶に新しいリーマンショックがありました。それより前も振り返ってみましょう。

・2001年のITバブルの崩壊
・1991年の日本のバブル崩壊
・1985年のプラザ合意による円高不況
・1973年のオイルショック

10年以上同じ経済環境が続くことはまれです。さらに、2011年の東日本大震災などの大災害が起きれば、景気を直撃します。

今私がこの書籍の原稿を書いている状況で起きているコロナショックは、経済危機というよりも病気によって、経済に大きな影響を与えているケースです。

この経済環境の節目節目でビジネスモデルが大きく変わるため、それまで続いていた会社が、突然立ちゆかなくなる可能性はゼロとは言えません。

もし、ある程度会社が大きく、内部留保が多くあれば、内部留保を吐き出すことで難局を乗り切ることはできますが、起業して間もない状態ではそんな対処はできないでしょう。

実際に、前回のリーマンショックの時、私の周りで創業していたＩＴ関連の企業はほとんど潰れてしまいました。

会社を長く続けるためには、同じ製品やサービスをずっと続けることよりも、経済環境の変化に応じて自社サービスを変化し続けられるかが、重要となります。これを意識できていないと、経済環境が変わる度に潰れるということを繰り返しかねません。

どれだけ会社を続けられるかは、景気の波を抑えられるかどうかで変わります。逆に言えば、**波を乗り切る覚悟をして準備さえしておけば、何年でも続けられる**のです。

２０２０年現在、経済に大きな変化が起きています。ということは、今から起業の準備をして、この谷が終わった後で起業すれば、チャンスをものにできるとも言えます。

失敗から逃げなければ次がある

起業が大きなリスクになるかどうかは、人の性質によるところもあります。同じ失敗でも、失敗のとらえ方によって、リスクを小さくできる面もあります。

一番よくないのは、失敗した時に逃げてしまうことです。

ここで言う逃げるとは、失敗を隠して、誰にも悟られないようにしようとすることです。もちろん、人に迷惑をかけたくないから、自力ですべて何とかしようというこの気持ち、わからないでもありません。

しかし、破綻した人の話を聞いた時、早い段階で周りに相談していたら、周りの援助を得て、早く苦境から抜け出せたのに、と感じることも多々あります。それどころか、夜逃げしてしまい、連絡もつかなくなるという最悪のケースも体験しました。

「あの人は今、苦境に陥っているのではないか」と周りが察すればいいと思うかもしれませんが、繊細な問題であるため、苦境に陥っていると確信するまで声がけできないのが普通です。

つまり、その起業家が言わない限り、周りも本人が苦境に陥っていることを知るすべがないのです。何も手助けできないまま、初めて破綻したことを知るというケースは、後を絶ちません。

何とか自分一人で立て直そうと頑張っているうちに、とり返しがつかなくなるかもしれない、ということを覚えておきましょう。

▼人間関係が起業のリスクを減らす

事業で失敗をすると、自分がダメ人間であるような恥ずかしい気持ちになるでしょう。それでも、**恥ずかしがらずに周りにどんどん相談してください。他人を裏切るような人間関係を築いていない限り、周りは必ず助けてくれます。**

私も周りで、自己破産したり大きな借金を抱えたようなケースを見てきましたが、だいたい周りが仕事を紹介するなどして助けています。

自分が持っている人間関係は、大事なセーフティーネットです。一人で頑張らずに周りに助けを求めるようにすれば、起業のリスクは大きく減らすことができます。

起業でしか得られない醍醐味

▼社会に影響を与えられる

会社員であれば、会社のお金を使って大規模なプロジェクトを行うことができます。大企業であればその額も大きく、個人ではとてもできないような仕事を行うことができるでしょう。

私がキヤノンの工場で調達業務をしていた時、入社2年目で1か月に10億円ほどの取引を任されていました。起業して2年目に10億円を取り扱うというのは、よほどの急成長によるスタートアップでないかぎり、まずありません。

どんなに小さい企業であっても、自分がもらっている給料の何倍もの仕事を任されているのが普通です。

では、起業の醍醐味は何かと言うと、金額ではなく、小さくても社会に直接影響を与えられることです。

会社員だと会社の方針に反した活動をすることはできません。

たとえば、あなたが石油会社に所属していて、自分は地球環境を大事にしたいと思っても「この会社で石油を取り扱うのをやめましょう！」といった意見を述べることはまず許されません。

「本当にそう思うのなら会社を辞めてください」

このように言われてしまうはずです。

起業の場合、自分が環境問題を大切にしたいと思うのであれば、地球環境に貢献するビジネスをスタートすることができます。

▼個人事業でも社会に影響を与えられる

また、個人事業だと社会的影響力が低いと思われるかもしれませんが、そんなことはありません。

個人事業主にも、プレスリリースという武器があります。武器を使って、自分のメッセージをどんどんメディアに売り込むことができます。自分が発信した情報をメディアがとり上げてくれさえすれば、社会に影響を与えることができるのです。

それに一人であっても、会社を通して多くの顧客と接することができますし、その波及効果も侮れません。

ここで、私の事例を見てみましょう。

私一人で３００人以上の方を支援してきて、何百人もの人生に影響を与えることができました。

さらに支援した方が行っているビジネスにも顧客がついていますので、その影響は何倍ではなく、その何乗もの広がりを社会に与えられています。中には日経ビジネスといった大手メディアで特集されるような方もいますので、その影響ははかりしれません。

起業時は、目の前のビジネスにしか興味を持てないかもしれませんが、事業を続けて積み重ねていけば、多くの人に影響を与えてきたとわかるでしょう。

自分一人でも、社会に影響を与えられることがわかるようになると、ビジネスの重みがだいぶ違って見えてきます。

▼社会的報酬が得られる

自分が社会に影響を与えられるようになると、社会的報酬が得られるようになります。

社会的報酬とは、自分が行っていることが社会から認められることです。

会社員だと得られるのは上司や会社からの評価で、給与やボーナスといった形で報酬をもらい、社会的報酬は会社が得ることになります。

起業して、社会的報酬を得ると、間違いなく自分が社会から必要とされている実感が湧き、とてつもない自信がつきます。自分の存在意義を感じられ、本当に起業をしてよかったと思うようになれます。

成功した起業家にインタビューをしていつも思うのは、皆さんの目がキラキラしていることです。そして自分が行っている事業を熱く語ってくれます。

さて、ここでこんな疑問を持つ方もいるかもしれません。

「ブログやYouTubeで情報発信をして世の中の多くの人に影響を与えられれば、起業しなくてもいいのではないか」

基本的には、ブログなどは自由に自分のことを表現できる場ですので、何を書いても、誰も見向きをしなくても問題ありません。

一方、起業の場合、お金を払ってくださる顧客がいないと成立しません。つまり、お金を得るためにより多くの読者をつかまえないといけないのであれば、それはもう立派な起業となるわけです。

たとえば、ブログがお金を払ってくれる顧客に向けてのサービスであれば、それは起業と言っていいでしょう。

要は、自己表現を主としているものは趣味と言えますし、顧客が求めている情報を提供しているものは、起業というわけです。

・起業は顧客が求めているコンテンツやサービス、そして製品を提供している事業

この、起業の定義はしっかりと固めておいたほうがいいでしょう。

顧客が求めているコンテンツを提供すれば社会から認められて、自分の存在意義を確認することができます。

さらに、起業が順調だと自分が提供している製品、サービスに対して顧客からの反応を得ることができます。これは金銭以上の価値を自分にもたらします。掛け替えのない価値と言ってもいいでしょう。

オレオレ詐欺などを行っている人達のインタビューを聞くと、いつまでも詐欺ビジネス

を続けるつもりはなく、お金を貯めていつかは真っ当なビジネスをしたいと思っているそうです。

つまり、お金を稼げたとしても、それだけでＯＫではないということです。社会的に認められることが、どんな人にとっても大事な要素であると言っていいでしょう。

起業すれば、その会社がたとえ小さくても、自分がなぜこの世に生を得たのか、確認できるチャンスに恵まれます。世の中の役に立っている実感を得られるということも、ぜひ覚えておいてください。

▼自分の人生を自分で決められる

起業の最大のメリットは、会社に依存することなく、自分で自分の人生を決められるということです。

会社員であれば自分の希望でない配属を拒めなかったり、勤務地も選べなかったり、給与も会社次第です。一番肝心な働く権利も、会社が傾いてしまえば、保障されることはありません。

会社が安定さえしていれば、生活を保障してくれるという大きなメリットがあります。

ただそのメリットをあまんじて受け入れていくと、いつの間にか抜け出せなくなってしまいます。

一方、起業した場合、働く場所、時間、人間関係など、すべて自分で決めることができます。自分がどう生きたいのかということに関して、会社から邪魔されることはありません。自分が生きたいように自分の人生を生きることができます。

しかし、当然ながら自由がある分、リスクも背負うことになります。安定を捨てるという覚悟は必要です。

ここでもし、起業に興味があるが、リスクを負うのが怖いと感じた時は、こんなことを考えてみてください。

他人に依存しなくてもいい人生というのは、すなわち、他人に文句を言わなくなる人生でもあるということです。

会社に依存していると、会社からの待遇が悪くなったりすれば、文句の一つでも言いたくなるはずです。

ただ、文句を言ったところで、会社があなたのために何かをしてくれるどころか、場合によっては、立場がなくなりかねません。会社の辞令に対して、会社員は基本的に従うしかないのです。

いつでも会社を辞めても大丈夫だと思っているような方であれば、基本的に従うしかないという不可抗力に対して、文句を言う前に会社を辞めるでしょう。

依存していると、自分以外のものに、どうしても心がとらわれてしまいます。

私が起業を勧めるのは、たしかに起業は大変だけど、誰かに不満を持ち、文句を言わなくて済むようになるからです。

たとえ、予期せぬ災害などによって、人生設計が狂わされてしまったとしても、自分の力で人生を切り開いて人生をコントロールしようと考えるようになります。

まさにストレスフリーです！

もし、起業をしてストレスが溜まるようであれば、何かに依存をしていたり、他人をコントロールしようとしている証拠かもしれません。

せっかく起業はストレスフリーになれるチャンスなので、他人にとらわれずに自分の道を歩める起業を目指してください。

第 2 章

起業成功を
左右する分岐点

自己破産はありえないから考えなくていい

起業してうまくいかなければ自己破産する、そんなイメージありませんか？

実は起業して一番起きやすいのは破産などではなく、途中で心が折れてしまい、はじめたビジネスを1年足らずですぐにやめてしまうことです。

起業をして簡単に儲かるのであれば、こんな楽なことはありません。困難があってもビジネスをやり通せるかどうかが、起業の成否を分けるのです。

▼起業で自己破産はありえない

これから起業する皆さんは、もしかすると「起業をして破産したらどうしよう？」と心配しているかもしれません。

安心してください。起業をしてすぐに破産するということはありません。なぜなら、破産するほどのお金を銀行が最初に貸してくれることはまずないからです。

創業融資などで限度額３０００万円とありますが、貸してくれても用意した資本金と同程度、もしくは１０００万円くらいが限度です。過去に美容整形の方を支援した時は最初に必要となる調達額が６０００万円と巨額でした。それでも数年で返せる事業計画で、利益が見込める特殊な業界事情だからこそです。

１０００万円借りられたとして、低金利で借りたのであれば、マンションを買うよりも安い金額です。一生懸命に働けば返せないお金ではありません。

自己破産する危険が起きるのは、事業が軌道に乗り、さらなる事業拡大のためにお金の借り増しをした時です。起業時は信用力がなく、融資をそれほど受けられないので、自己破産はほぼありえないのです。

▼自己破産よりもメンタル崩壊のほうが高リスク

ゼロベース株式会社の調査によると、起業家の37パーセントに気分障害・不安障害の疑いありとの結果が出たそうです。

これは実に一般人の約7倍にあたります。この数字を聞いてどう思いますか？

起業をして20年近く経営者としての立場を経験してきている身としては、これでもこの数字は、だいぶ低いほうだと思いました。

10年も経営を経験していれば、ほぼ100パーセント近い人が精神的な問題をどこかで一度は経験していると思われます。

もちろん、これには病院に通うほどの精神疾患レベルではなく、軽いウツなども含まれます。かくいう私も何度か眠れないほど落ち込み、ストレスから下血するといった事態に陥ったことがあります。

主に、起業家がストレスとなる問題として、次のものが挙げられます。

(1)お金が足りなくなるという資金繰りの問題
(2)売上が上がらないというマーケティングの問題
(3)いい人材が採れないという採用の問題
(4)社員が言うことを聞いてくれないという組織の問題
(5)ライバルが似たようなサービスをはじめたという競合問題など

さらに、自分自身が原因ではなく、リーマンショックや災害など、環境が突然大きく変わることによって、ビジネスが立ちゆかなくなることもあります。起業をして問題が尽きる日がないほど、次から次へと問題が現れてきます。

たしかに、会社員の立場であってもメンタル崩壊は起きます。

ただ、会社員の場合は会社を休む、離職するというように起きている問題から離れることができます。しっかりした会社であればメンタルヘルス対策の部署があり、手厚いサポートを受けることも可能です。

私が起業して苦しい時、キヤノンに在籍していた時のことを思い出すと、会社員とは何と保障されている身分なのだろうと何回も思いました。

起業してメンタル崩壊が発生してしまうと、起業した本人のやる気がなくなってしまいます。やる気がなくなった瞬間、そこで起業が終わりかねません。

メンタル崩壊を起こさないためには、いろいろな問題が起きてもそれを克服するだけのエネルギーが必要です。

起業とはお金よりも「心」との戦い

本当に「やりたいこと」があって起業しているのであれば、多少の苦労は乗り越えられるので、メンタル崩壊せずに成功するまで続けることができます。

一方で、**「やりたくない」ことで起業してしまうと、メンタル崩壊を引き起こしやすくなります。**

私が支援をさせていただいたある方は、当初旅行会社を起こしたいということで相談にいらっしゃいました。

私のところに来る前に旅行業になるための予備校などにも通い、何年も勉強をして資格も取得し、旅行業の登録をするために何百万円も支払い、もう準備万端です。

私のほうでは、顧客獲得のためのブランディング作りのお手伝いをすることになっていました。

ところが、事業をスタートして半年で事業をやめることになったのです。資金面ではまだ余裕もあり、すぐに撤退しなくてはいけないような状況ではありませんでした。どうも、旅行業をはじめてから、本人の中で違うことをやりたいという気持ちが湧いてきたようなのです。

かなりの時間とお金を投資してしまったあとなので、もったいない気もしますが、まだ早めに気づけてよかったと思います。

これが、借金まみれになって気づいた時には撤退もできなくなってしまっていたら、もう手遅れです。お金を返すためにやりたくない事業にひたすら時間を費やさなくてはいけません。

これは、この方特有の事情ではなくて、私は起業支援をして、多くの方が「やりたくない」ことで起業してしまうことに気づきました。実に７割から８割の方が、最初にやろうとしていたことと、実際にやることが変わってしまいます。

私自身も過去にグーグルマップと連動したサービスをやろうと思ったことがありましたが、実際にプロトタイプまで作り、サービス拡販に入ろうかというタイミングで、事業への情熱が冷めてしまった苦い思い出があります。

この「やりたい」と思っていたことが、実は「やりたくなかった」という「勘違いの起業」に気づいたら、不安ばかりが先行してしまいます。自分の軸もないので人の意見に左右されやすく、非常に不安定な状態が長く続きます。結果として心が折れてしまうのです。

初めて携わるビジネスであれば、顧客獲得が軌道に乗るまでに半年から1年かかることはざらです。「勘違い起業」の場合、この期間を乗り越えることができず、そこで終わってしまうのです。

では、儲かっていれば大丈夫かというと、実はそうでもありません。

過去に相談に来られた方の中には、年商３０００万円近くもネットビジネスで稼いでいるのに、やめて新しいことをしたいという方がいました。もうネットビジネスをやり続けるモティベーションが湧かないのだそうです。

他にもトレーダーとして数千万円も稼いでいるのに、誰もほめてくれなくて寂しいという方もいました。お金だけでは心の問題は解決できないのです。

ただし、例外もあります。

少し言い方は悪いですが、他人の気持ちや自分の気持ちに鈍感な人間であれば、ストレスを力でねじ伏せてしまいます。周りからは冷たい、近寄りがたい、ロボットみたいとか言われているような方です。

こういった方は、やりたくないことでも自分をコントロールし、ひたすらゴールに向かって突き進みます。メンタルもタフで、ちょっとやそっとのことではへこたれません。

とはいえ、私が何千人とお会いしてきた起業家の中でこういったメンタルを持っていたのは一人か二人で、非常にまれだということは伝えておきます。見た目はクールでも、実は打たれ弱いという方が多いからです。

通常は、起業する前に本当にやりたいかどうか、見極めることが求められます。繰り返しますが、**儲かるビジネスでも本人のやる気がなくなったら、そこでおしまいです。**

あなたは「やりたくないビジネスで成功するにはどうしたらいいですか？」と相談されてアドバイスできますか？

本人はやりたくないことに気づいていないので、こんな言い方はしませんが、起業支援の現場では、やりたくないことをあえてやろうということがよく起きているのです。

「心」の不安なしに起業したいのであれば、ご自身が本当にやりたいことは何か、それを見極める必要があります。

「勘違いの起業」は間違いなくメンタルにダメージを与えるので、自分が本当にやりたいことに気づけるかが、起業の成否を分けるといっても過言ではありません。

Whyからのスタートがメンタル崩壊を回避する

自分が起業したいと思ったことが本当にやりたいことなのかどうか。

それを見極めるための方法として、サイモン・シネックが提唱しているゴールデンサークルが参考になります※。

サイモン・シネックは成功したリーダーと、途中で挫折してしまったリーダーを数多くインタビューし、成功した人と失敗したリーダーの何が違うのか調べ上げました。

起業の成否を分けるゴールデンサークル

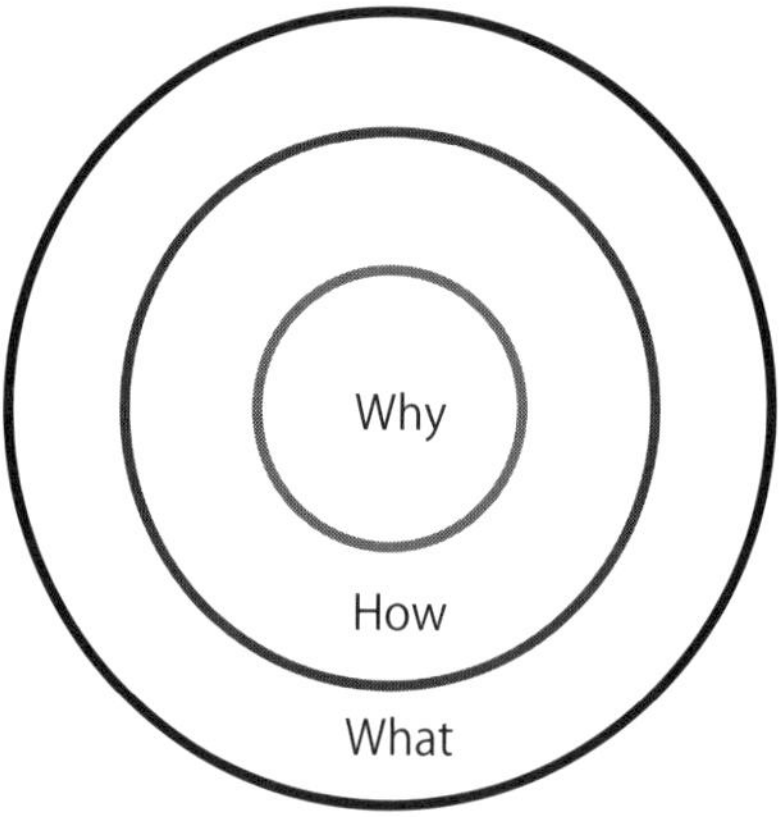

By　サイモン・シネック

※参考図書：『WHYから始めよ！ インスパイア型リーダーはここが違う』（サイモン・シネック：著、栗木さつき：翻訳、日本経済新聞出版社）

結果として見えてきたのは、どちらのリーダーにも「What」「How」「Why」があるけれど、その入り方の順番が違うということです。

うまくいかない人はWhatから入り、何をするかを先に考えはじめます。そして最後になぜそれをするのかWhyを考えます。

一方、**成功する人はWhyが起点となり、なぜやるのかが明確になった上で、そのために最後に何をするのかというWhatを考えます。**起業を例にするとこんな感じです。

【Whatから入るAさんのケース】

What：

豆腐をテーマにした居酒屋をやりたいです。

How：

豆腐の製造機械を店舗に入れて、できたての豆腐を食べさせる居酒屋をやりたいと思っています。

Why：

なぜなら、飲食業界を調べたところ、豆腐の粗利率が高いため、利益が見込める食材だとわかりました。そして「和食」がユネスコの無形文化遺産にも登録され、海外から来る観光客相手のインバウンド向けビジネスとして有望だと思ったからです。

【Why から入るBさんのケース】

Why：
私の実家は豆腐店で家族経営で豆腐を作り、販売をしています。今の時代スーパーで安く豆腐を買えますので、豆腐だけでは大手のスーパーにはかないません。私も豆腐店を継ぎたいとは思っていませんでした。
ただ、家で食べる豆腐の味はスーパーの豆腐に比べると別格で、このできたての美味しさをより多くの人に知ってもらいたいと思っています。

How：
豆腐店をそのまま継ぎたいとは思っていませんでしたが、家の店舗には幸いなことにスペースがあり、そこにイスとテーブルを並べて食事を出そうかと思いました。

What：
最終的に私は豆腐をテーマにした居酒屋をやろうと思っています。

Ａさん、Ｂさん、二人ともWhatが同じです。読者の皆さんはどちらのお店に行ってみたいと思いましたか？

豆腐の粗利率がいいからと思ってはじめたお店と、豆腐の美味しさを伝えたくてはじめたお店。ほとんどの方がＢさんのお店でしょう。

実際にＢさんのケースは起業しても、ちょっとやそっとの困難では事業の継続をあきらめません。本人がやりたいことを実現できるまでは、どこまでもやり通そうとします。

またＢさんの周りにはＢさんの思いに共感した人達が集まってきて、周りからのサポートが受けやすいのです。

「事業理由」と「起業理由」が成否を分ける

ここで私が支援した方で、Whyからはじめてうまくいった遠藤隆之さんの事例を紹介したいと思います。

遠藤さんは元々、ある想いから男性用のカツラ通販ビジネスをはじめたいと思っていました。

カツラビジネスに関するリサーチもかなり進め、大手カツラメーカーがどこの工場で生産しているのかも突き止め、同じ品質のカツラを低価格で作るルートを確保しました。

当初のもくろみでは、大手カツラメーカーの半額の値段でカツラをオンライン販売できれば、それなりに儲かり、ビジネスになるのではないかというものでした。

ところが、実際にやってみると、予想外の事態が起きました。

購入した顧客から、カツラを送り返されてきて「特定の部分の髪を切ってほしい」とか、

「地方にまで来て、カツラをつけた状態で髪の長さを調整してほしい」とか意図していないことを要望されたのです。

せっかくオンラインで販売しているのにもかかわらず、実店舗のようなサービスを求めてくる顧客を前にして、オンライン販売のまま続けても、ビジネスが立ちゆかないことに気づいてしまったのです。

その後、遠藤さんは事業転換をし、直接消費者とビジネスをするのではなく、理髪店向けに増毛用の毛を卸す、スマートアップエクステというサービスをスタートさせました。

この方向転換が功を奏し、現在は国内外合わせて契約店舗１０００店舗に広げるところまで成功させています。

▼Whyから入れば自分の軸ができる

もし遠藤さんがWhatから入り、カツラのオンライン販売が儲かりそうだという観点からスタートしていたら、事業の継続をあきらめていたか、増毛とはまったく違うサービスに移行していたはずです。

いわゆる山師的な起業タイプとなり、半年ごとにやりたいビジネスがコロコロ変わってしまうようなケースです。

ところが、遠藤さんは増毛ビジネスに対して想いがありました。なぜなら、ご本人が30年来のカツラユーザーだからです（この件はご本人の了解も得ていますし、ホームページに記載されているので秘密の暴露ではございません）。

長年、増毛カツラを使ってきたからこそ薄毛の人の悩みがよくわかり、その悩みを解決したいと思っていました。

また、薄毛の人が増毛によって自信をとり戻し、安心して快適に暮らせる環境を作りたいと願って起業されました。

このような背景となるWhyがあるからこそ、当初のオンライン販売ビジネスがうまくいかなくても、めげずに薄毛の人の悩みを解決する別のビジネスに転換することができたのです。

▼WhyにMyストーリーを入れる

ここで読者の皆様は気づかれたかもしれません。

ただWhyがあればいいわけではなく、WhyにMyストーリーとなる自分の体験がある

かどうかが成功の分かれ目となるのです。

What から入るケースでも Why は入っています。

ただしうまくいかないときの Why はすべて条件なのです。

「市場が伸びそうだから……」

「利益率が高そうだから……」

「流行しているから……」

「メディアで話題になっているから…」

などなど。これはこれでビジネスを成功させる上で大事な理由です。

さすがにどんなに自分がやりたいと思ったビジネスでも、世の中のニーズがないようなビジネスでは成功しません。

これは、なぜ「今ここで」そのビジネスなのか、という事業に対する理由なので「事業理由」と言えます。ＭＢＡ（経営学修士）をはじめとして世の中の経営戦略は「事業理由」を重視します。

一方で、**成功する人の Why には、「事業理由」だけではなく、なぜ自分が起業したいと思ったのか、という「起業理由」も入ってきます。**

こちらは条件ではなく自分の想いです。

「この人達のために何とかしてあげたい」

「社会を変えたい」

「家族を守るため」

こういったものでもいいかもしれません。

この想いは単なる思いつきではなく、そこにいたった経験がセットで語られる必要があります。メディアやネットを通して見聞きしたものは、直接経験したとは言えません。

ポイントは、**ご自身が直接、ある事象に触れた経験をしたかどうか**です。さきほどの遠藤さんのケースで言うと、自分自身がカツラユーザーだったという経験です。

「自分が経験したあることをきっかけに起業しようと思った」というストーリーがあると「起業理由」としては強固なものになるわけです。

社内で新製品を立ち上げるようなケースでは「事業理由」だけでうまくいくかもしれません。条件さえそろえば、ビジネスがうまくいくことはあるからです。

起業の場合には、さきほども説明した通りメンタル崩壊のリスクがあります。そのリスクを避けるためにはなぜ起業をしたいのかという「起業理由」も必要となってくるのです。

起業理由と事業理由が必要

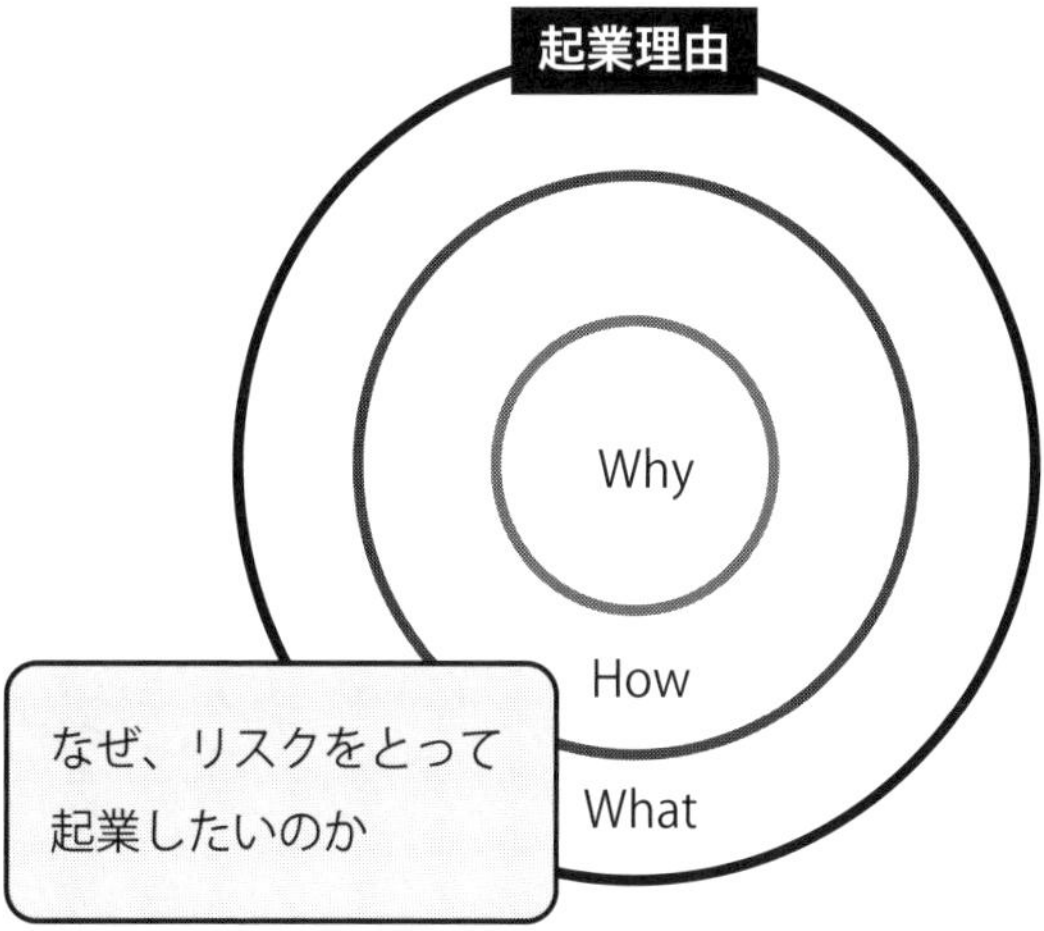

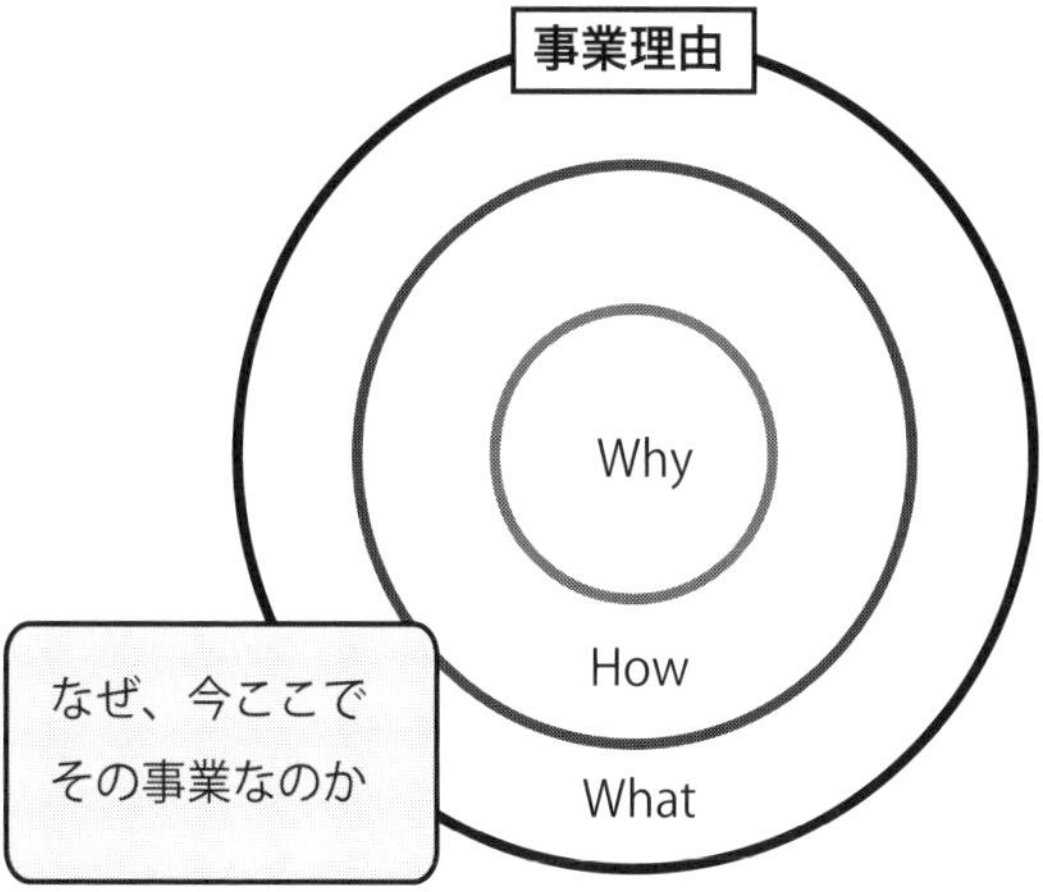

この二つの理由でWhyを考えて、How,Whatを決めていく！

起業成功のカギを握る「ビジネスへの共感」

「起業理由」がはっきりすることのメリットは、起業に共感してくれる人を増やせ、周りを巻き込みやすくなることです。

具体的には、

(1)事業を一緒に手伝ってくれる人
(2)事業に有益な情報をくれる人
(3)事業に有益な人材を紹介してくれる人
(4)事業にお金を出してくれる人
(5)事業に自分の時間を使ってくれる人

といった人達が徐々に集まってきます。

そしてここでポイントになるのが、**無償でサポートしてくれる人材が現れるような共感**

を得ている起業であるかどうかです。

たとえば、ホームページを作りたい場合、共感が生まれていると「少し時間があるのでホームページ作り手伝います」という人が必ず現れてきます。

他にも無償で経営相談に乗ってくれたり、新規顧客開拓のための手伝いをしてくれたり、起業に役立ちそうな情報をくれたり、いろいろなことをこちらからお願いしなくても行ってくれたりするのです。

そして、本当に共感してくれると、リスクをとって事業にお金を投資してくれることもあります。

これがあるのとないのとでは、起業時のリスクが大きく違ってきます。共感が得られていないと、有償で業者に依頼するか、自分で何とか行う必要が出てくるからです。

ホームページ一つとってみても、ちょっとしたサイトであれば、最低20万円は見積もらなくてはいけません。これよりも安く作りたいのであれば、自分でホームページについて勉強をして、コンテンツの作り込み作業なども行う必要が出てきます。結果的に時間がとられます。

共感が得られていれば、これらが無償で手に入る可能性があるのです。こういった当初見込んでいなかった出費が積み重なってくると、周りからのサポートは何百万円もの価値を持つことになります。自己資金が少なくても、周りからの無償サポートによって起業成功のチャンスが大きく広がります。

もちろん、こういったサポートがなくても起業において成功することはできますが、成功確率が大きく変わってくるということです。

ここでお伝えしたいのは、「タダで周りにいろいろお願いしましょう」ということではありません。**向こうから「手伝いましょうか？」というような申し出が起きてくるような状況を作りましょう**ということです。

自然に周りが自分のことを後押ししてくれるのが理想的です。

そのためには、後述するパーソナルブランディングが一番のポイントになるのですが、ここでいくつかのヒントを書いておきます。

▼人から共感を得られる3つのヒント

(1)起業理由に自分の経験とのつながりがあるかチェック

さきほども書いた通り、

「なぜ起業しようと思ったのか」

「自分のどんな経験が起業に影響を与えたのか」

これらを明確にします。どんな出会いがあったのか、どんな出来事があったのか、ということです。


⑵なぜ自分がそのビジネスをやりたいのか、自分との関わりを明確にしておく
こちらは、事業理由の中にMy ストーリーがあるかということです。

「どんな経験を元に、今行おうとしている事業を思いついたのか」

要は、これです。単なる数字を見て組み立てたのと、自分の経験を元にビジネスを思いついたのとではだいぶ違います。

投資家は、思いついたビジネスにオリジナルの着眼点があるかどうか、いつもチェックしています。それだけ**ご自身の経験とビジネスアイデアがつながっているかが問われるの**です。

(3)自分が証明したいことに共感が生まれる

自分が経験したことをベースに、どんなことを証明しようと思っているのかをはっきりとさせてください。

私は、起業はエゴイスティックであると思っています。自分のやりたいことであるエゴを隠しているようでは、誰も事業について理解してくれません。

組織ではエゴイスティックだと敬遠されがちですが、起業はご自身がしたいことをする行為です。

自分が「これはおかしい」「このほうが正しい」ということを周りにはっきりアピールできるかが、ポイントなのです。

「今の保育制度は働くお母さんを助けてい

人から共感される３つのヒント

起業理由と自分の経験につながりがあるか	➡	どんな出会いがあったのか、どんな出来事があったのかを明確にする！
事業理由の中に、My story があるか	➡	どんな経験を元に、今行おうとしている事業を思いついたのかを明確にする
経験したことを元に何を証明したいのか	➡	今行おうとしている事業で問題がどのように解決するかを明確にする

ない！　だから、自分なりに考えた保育サービスを提供したい！」

たとえば、こんなふうに、自分がイライラしたり、怒りを感じたり、変だと思ったようなことがベースだとわかりやすいです。

こうした証明したいことは熱を帯び、周りの人を引き寄せます。

第3章

起業するなら
まず個人事業から

知っておきたい3つの起業タイプ

起業には大きく3つの起業タイプがあります。

(1)独立
(2)フランチャイズ
(3)新規事業

この3つです。

独立とは従事中の仕事の延長線上で起業するタイプです。

たとえば、ＷＥＢデザイナーの仕事を会社員としてやっていた人が、ＷＥＢデザイナー会社を起こすとか、ラーメン屋で修業をしていて、自分の店をオープンする、といったようなケースです。

フランチャイズは加盟金などお金を払ってノウハウを買う方法です。一番わかりやすいのはコンビニエンスストアです。会社員でまったく小売りの経験がないような人でもフランチャイズ方式であれば、すぐに小売り業をすることができます。

新規事業は自分にとってまったくの未経験分野で起業するタイプです。今まで会社員で経理の仕事しかしていなかったような人が飲食業を立ち上げようとしたり、ＩＴエンジニアの仕事をしていたような人が、子供向けサービスをはじめるようなケースです。

▼堅実な独立型タイプ

堅実に起業するのであれば、独立タイプがお勧めです。準備時間も短くて済み、ほとんど失敗することがありません。私が過去に支援した方で苦労する方はほとんどなく、むしろ利益が出すぎて税金の心配をするくらいです。

銀行の世界では斯業《しぎょう》経験というような言葉が使われ、起業しようとする分野の仕事をしていただけで融資が通りやすくなっています。独立タイプだと融資なども受けやすいので最初の資金調達が楽にできます。

なぜ独立タイプが堅実かというと、仕事経験だけではなく、顧客獲得がしやすいからです。元々の会社で営業などをしていれば、顧客獲得ノウハウを持っているでしょうし、人事部で仕事をしていて、人事コンサルタントなどをするようなケースでも、元いた会社のブランドを使えるので、まったくの未経験者に比べると、顧客から信用されます。

独立タイプのデメリットは、以前と同じ仕事をするため、刺激が少ないということです。以前からやっていた仕事がやりたい仕事であればいいのですが、そうではない場合にはお金を稼げても楽しくない起業になってしまいます。

▼起業後のサポートが受けられるフランチャイズタイプ

フランチャイズは本部からのサポートが受けられるので、起業後の不安がだいぶ解消されます。本部には過去の店舗運営のデータがあり、他店舗のデータもあるので、計画や予測を立てられやすいです。

デメリットは本部への加盟金、審査が大変だということです。ご自身が出店したくても、本部の審査が通らなければどんなにお金を積んでも開業はできません。審査が厳しくても本部がしっかりしていると起業後が楽です。

一方で、お金だけ積めば簡単に開業できるフランチャイズは、乱立の危険性があり、後が大変です。フランチャイズでは、どこの本部と契約できたかで命運がすべて決まってしまいます。起業とはいえ、会社員の感覚が残ってしまうのがフランチャイズです。

▼リスクは高いがやりがいのある新規事業タイプ

新規事業は起業しようと思っているビジネスに関してノウハウがないので、手探りではじめるしかありません。お金のリスク計算をしておかないと、あっという間に資金が底をついてしまうので、事前の準備が肝要です。

できるだけテストマーケティングなどを行い、顧客獲得のノウハウをはじめる前に獲得しておく必要があります。そのため、起業までに経験上早くても1年、普通に2、3年はかかります。

非常に準備が大変な新規事業タイプですが、メリットは成功した時の充足感が高いことです。自分がやったという実感がとにかく湧いてきます。

私は「新規事業の中毒者」という自負を持っているくらい、新規事業を立ち上げることが大好きです。その分痛い目にもだいぶ遭ってきました。

昔、デジタルコンテンツのオンライン販売ビジネスをはじめたことがあります。クリエイターが映像を作り、ネット上にアップロードしたコンテンツを消費者がダウンロードして購入できるようなサービスです。

今ではコンテンツのオンライン販売は当たり前のサービスで、大きな市場にもなっていますが、私がはじめたのはYouTubeが始まる2年前でした。まだネット上で動画を見ることすら当たり前の時代ではなかったのです。

頭の中では、他で似たようなサービスをしている企業はないので、絶対にうまくいくと思い込んでいました。フタを開けてみるとまったく売れず苦労の連続でした。

なぜなら、その時はサイトを作り、ネット広告を打てば簡単に売れるという安直な発想だったからです。おかげで、用意した資金をたった半年で使い切ってしまいました。

今であれば、すぐにサービスを立ち上げるのではなくて、準備をしっかり行い、テストマーケティングをしっかり行います。その当時はまったく起業準備に関する知識も能力もなかったので、とにかく行き当たりばったりで進めてしまったのです。

新規事業は焦るといいことは何もありません。焦らずじっくり準備することがカギです。起業のためのステップをじっくり踏んでいくことが成功につながります。

３つの起業タイプ

<table>
<tr><th>種類</th><th>内容</th><th>メリット・デメリット</th></tr>
<tr><td rowspan="2">独立</td><td rowspan="2">現在の仕事の延長線上で起業する</td><td>メリット：
リスクが少ない</td></tr>
<tr><td>デメリット：
刺激が少ない</td></tr>
<tr><td rowspan="2">フランチャイズ</td><td rowspan="2">ノウハウを買って起業する</td><td>メリット：
本部からのサポートにより、起業後の不安が解消</td></tr>
<tr><td>デメリット：
加盟金や審査が大変。
どこの本部と契約できたかで命運が全て決まる</td></tr>
<tr><td rowspan="2">新規事業</td><td rowspan="2">自分にとって未経験の分野で起業する</td><td>メリット：
成功した時の充足感が高い</td></tr>
<tr><td>デメリット：
リスクが高い</td></tr>
</table>

個人事業は起業家の一つのレベル

起業家といっても、何兆円もの事業を行うところまで成長させた起業家もいれば、フリーランスとして個人で行っている起業家までさまざまなレベルがあります。

ここであえて起業家を４つのレベルに分けて解説します。

▼個人事業

個人事業というのは個人のスキルでお金を稼いでいる起業家です。

ここには個人事業主及び法人成りしたものの、社員を雇わずに一人で行っているような方も入ります。

事業としては個人商店といった形で、他人の問題を解決することによって稼ぎます。

エンジニアやデザイナーといった手に職を持っているフリーランス系の方から、コーチやコンサルタント、士業など知識を武器に仕事をしている方まで、一人でできることなら

起業家の４つのレベル

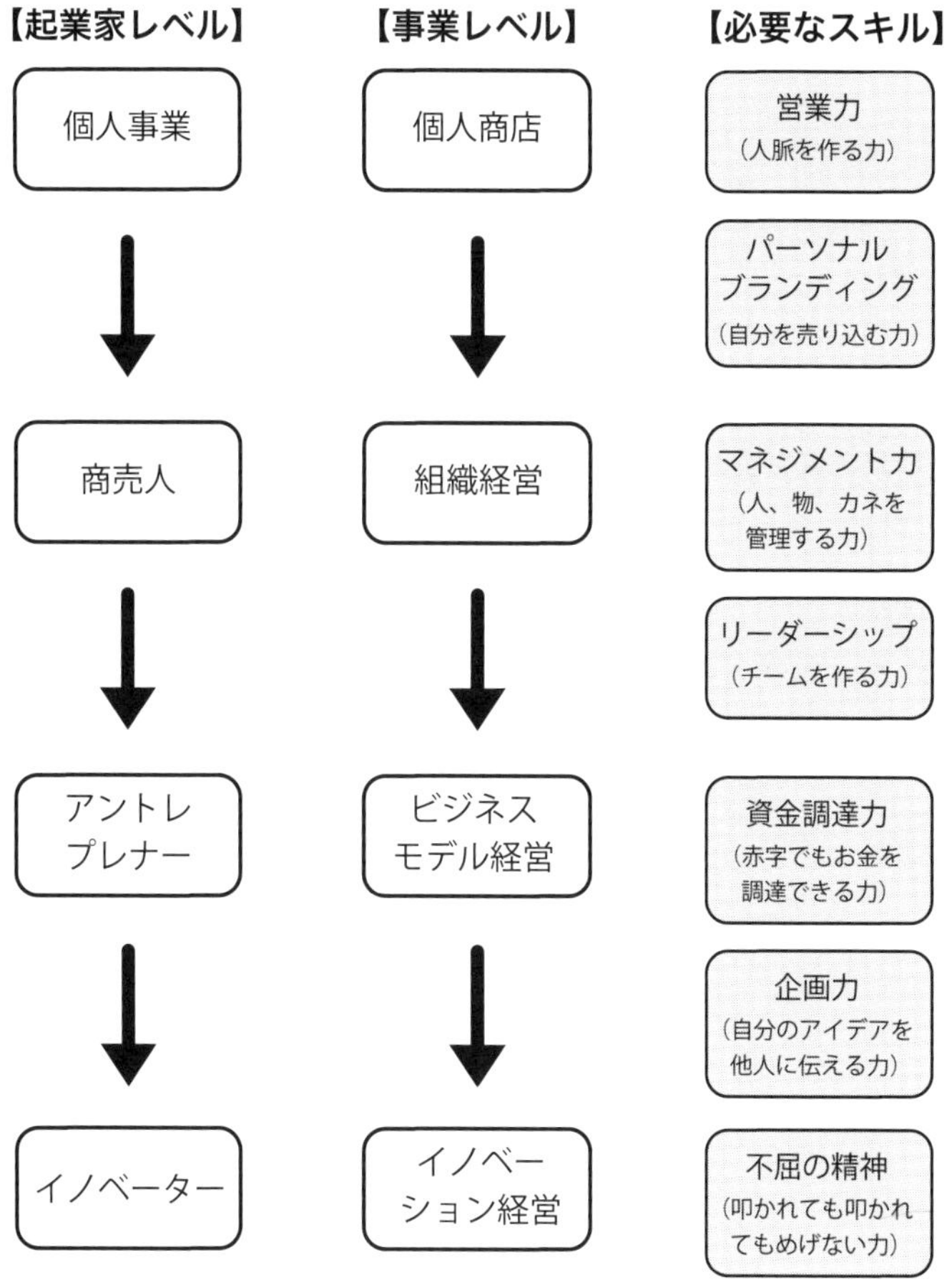
【起業家レベル】
【事業レベル】
【必要なスキル】
個人事業
個人商店
営業力
（人脈を作る力）
パーソナル
ブランディング
（自分を売り込む力）
商売人
組織経営
マネジメント力
（人、物、カネを
管理する力）
リーダーシップ
（チームを作る力）
アントレ
プレナー
ビジネス
モデル経営
資金調達力
（赤字でもお金を
調達できる力）
企画力
（自分のアイデアを
他人に伝える力）
イノベーター
イノベー
ション経営
不屈の精神
（叩かれても叩かれ
てもめげない力）

何でも個人事業です。

個人事業はとにかく営業力です。スキルよりもどうやって顧客を獲得できるかがカギで、自分を売り込む力であるパーソナルブランディングさえあれば何とかなります。すぐになれるので、スタートとしてはお勧めです。ただ一人で継続して稼ぎ続けるのはなかなか大変なので、ずっと個人事業のまま進めることはお勧めしていません。

▼商売人

個人事業と商売人の違いは、一人でやるか、社員を雇って複数人で行うかの違いです。仕事が忙しくなってくると、一人でやりきれなくなるので、人を雇わざるを得なくなります。

社員を雇って経営していきますので、事業レベルも組織経営の形態になります。このレベルでは安定した組織を作らないと、簡単に破綻してしまいます。スキルとしてはマネジメント力が必要となってきます。社員を入れると楽になると思う方がいるかもしれませんが、むしろ社員に対して的確な指示が必要になるので、苦労も増えます。その分個人でやっていた時の自由はなくなります。

経営者はよく「あいつら（社員）を食わせてやらないといけないから大変だよ」とぼやきます。社員を食べさせ続けるだけの商売ネタを常に見つけて、稼ぎ続けていかなくてはいけないからです。

ただ社長業が増える分、起業した醍醐味を味わえるのもこのあたりからになります。

▼アントレプレナー

アントレプレナーとは「事業を起こす人」などと訳されることが多いようです。ここではお金が回る仕組みを作れる起業家のことを言います。

商売人の場合には、特定の顧客に対して製品やサービスを提供します。発注を受けたら商品を納品したり、サービス提供したりして、その対価としてお金をもらうという1対1の関係です。

一方でアントレプレナーは、お金が回るビジネスモデルを構築して、ビジネスモデル経営を目指します。

ビジネスモデルとは、言うなれば、お金を稼ぐための仕組み作りのことです。

たとえば、皆さんがよく利用されているグーグルの検索サービスは、利用者からはお金をもらっていません。その代わり企業から広告費という形でお金をもらい、売上を上げています。

このように、ビジネスモデル経営では、サービスの対価としてお金をもらうといった単純なものではなく、お金の稼ぎ方が複雑になっていきます。

アントレプレナーには、社会の問題点を見つけて、事業を構築していく力が求められます。

たとえば、収入が上がらず困っている農家と、都会で美味しい野菜を食べたい消費者とを結びつけるようなことをするのが、アントレプレナーです。

ビジネスモデル経営は、すぐに収益を上げられるわけではないので、資金調達力が必要であったり、他人を巻き込む力としての企画力が求められます。

昨今、株式公開や事業売却などで多額の資産を手に入れているのもアントレプレナーで、事業を成功させられれば大きなリターンを得ることができます。

▼イノベーター

イノベーターとは、社会を大きく変えるような事業を起こす起業家のことです。

フェイスブックのマーク・ザッカーバーグ、電気自動車で有名なテスラを立ち上げたイーロン・マスク、ビル・ゲイツにスティーブ・ジョブズなどなどです。彼らは社会に大きなインパクトを与えました。

たしかに、イノベーターはぜひ目指してほしいレベルですが、このレベルまで行き着くのは至難の業で、なかなかこのクラスまでは行けません。

イノベーターは事業を行うというよりも、社会を変えたいというビジョンが先行し、そのための手段として事業を大きくしていくことを目指します。社会を変革するだけに、叩かれても叩かれてもやり抜く力が求められます。

なぜこういったレベル分けをあえてしたかというと、それには理由があります。

個人事業をクリアできない人が商売人となることは難しく、商売人として大きな組織を作る力がない人がアントレプレナーとしてビジネスモデルを構築するのは難しい、という現実があるからです。

また、私が支援していて、商売人とアントレプレナーの間に大きな壁があることに気づきました。組織経営までは頑張れば何とかなるのですが、ビジネスモデルを構築するところまでとなると、なかなか到達できないのです。

一方で、初めて起業をするのに、最初からビジネスモデルを構築しようとする方も少なくありません。自分のレベルがアントレプレナーのレベルに到達していないのに、難しい起業を行おうとしていることがあるのです。

これはスキーでいうと、初心者なのに最初から上級者のコブ斜面を滑ろうとするようなものです。


あなたはどこを目指しますか？

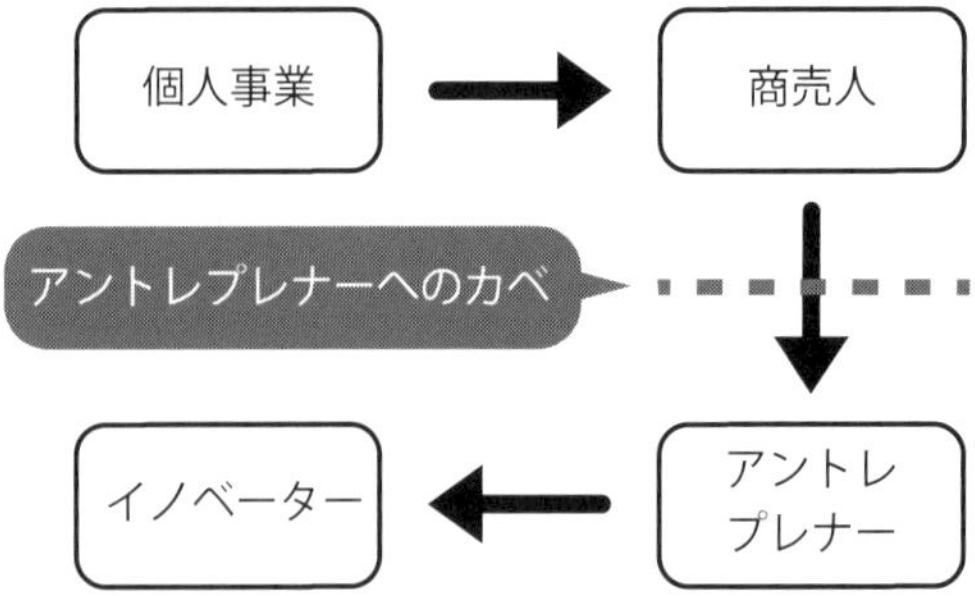

商売人までは頑張れば何とかなる。
アントレプレナーになるには
非常に高いカベがある！

もちろん、起業したことがないにもかかわらず、アントレプレナーとしてのレベルをすでに持っている人もいます。

人脈を何千人も持っていたり、社内で新規事業や新製品の立ち上げの経験を持っていたり、リーダーとして成果を出したことがあるような人です。こういった人は、個人事業でも組織経営でも成功します。

起業というとビジネスモデルを作るとか、いろいろなとらえ方がありますが、自分のレベルがどこなのかまず認識する必要があります。

そして、自信がなければ、まず個人事業からスタートし、商売人、アントレプレナーとステップアップしていけばいいのです。

個人事業からまずスタートする

明確にやりたいことが決まっているわけではなく、会社から独立して起業したいのであれば、まず個人事業からスタートするのが一番です。

▼個人事業のメリットその1：小資本からできること

住むところさえしっかりしていれば、事務所を開く必要もなく、ネット上にホームページを開設して、それでビジネスをスタートすることができます。パソコンなど最低限のものさえあればスタートできるので、数十万円のお金があればはじめられます。

また身軽というのが大きなメリットです。何せ自分及び家族が最低食べられればいいわけです。

不況の時にフリーランスは大変という話がありますが、組織経営している人に比べるとだいぶ楽だと思います。

たとえば、10人を雇っていたら10人分の給与を保証しなくてはいけません。もし給与で５００万円近く払っていたら、2か月で１０００万円のお金を用意しなくてはいけません。一方、個人事業であれば自分一人さえ食べられれば何とかなります。なので、個人事業は意外と不況の時に強いのです。

▼個人事業のメリットその２：撤退しやすいこと

組織経営として社員や事務所などを抱えていると、やめたいと思っても精算作業があるので、なかなか大変です。もし、夜逃げなどしたら、信用を失うだけですので、事業をやめる時も社員としっかり向き合わなくてはいけません。

一方、個人事業は自分がやめたいと思ったら、取引先に挨拶をしてそれで終わりなので、ビジネスがうまくいかなくなったら、すぐに撤退できます。

▼個人事業のデメリットその１：価格決定権が弱いこと

「あなたのところは高いから他のところに発注します」

こんなふうに言われて、安く買い叩かれる可能性があります。

ただ、これは後で説明するパーソナルブランディングをしておくことによって、回避することはできます。

▼個人事業のデメリットその2：休めないこと

これだけは避けられないデメリットです。

もし、病気にかかり、2週間療養しなくてはいけなくなると、その間仕事ができなくなってしまいます。

なので、個人事業のまま、ずっと一生続けることを私はお勧めしていません。知り合いのある士業の方は、重篤な病気にかかり半年間仕事をすることができない状況に陥りました。それでもスタッフが二人ほどいたので、そのスタッフが事務所を支え、結果的に顧客を失わずに済んだそうです。

できれば、社員を雇わずにずっと一人で気軽にやりたい、という方がいますが、先々の健康リスクを考えると、健康面においてハイリスクなのが個人事業です。

個人事業からまずスタートする

個人事業のメリット	個人事業のデメリット
始めやすい （資本金があまりいらない） 身軽 （運転資金をおさえられるので不景気に強い） 撤退しやすい （ダメだったらやり直ししやすい） 社員に対する責任がない （食べさせなくていい）	価格決定権が弱い （自分のブランドを作らないと安く買いたたかれる） 休めない （自分が病気やケガをしたらそれでお終い）

個人事業はスタートしやすいが、
一生続けることはあまりおすすめしない

↓

個人事業から商売人になって
人を雇うことも検討しておく

個人事業で目指してほしい年1000万円稼ぐ力

「私はお金持ちになるつもりもないので、今の給与と同じくらい年収4～500万円稼げればいいです」

起業セミナーなどでこういう方とよくお会いします。自分一人食べていくのであれば、この程度の金額で生きていけるかもしれません。

ただ、これだと一生個人事業から抜け出せずに、さきほど書いた健康リスクに陥った時に復帰できなくなってしまうかもしれません。

私は起業支援をする時に、個人事業を目指すなら年1000万円は稼げるようになってほしいと伝えています。

年1000万円というのは、デザイナーやコンサルタントなど原価がいらないビジネスであれば売上ベース。仕入れや材料費がいるような販売や製造の場合には自分の給与プラス利益の金額です。

なぜ１０００万円かというと、１０００万円稼げればもう一人雇う余力が生まれ、いつでも人を増やせるからです。

逆に自分一人で１０００万円稼げないようであれば、人を一人雇ってその人の分まで稼ぐことはかなり困難です。

また、パートナーとして一緒にやりたいと思って誰かを誘った時に、１０００万円稼げないようであれば、誘われたほうが不安になってしまいます。

▼１０００万円をどう稼ぐか逆算をしよう

個人事業において、１０００万円をどう稼ぐか先に決めておくと、自分を安売りしなくて済むというメリットがあります。

逆算をして、１０００万円を稼ぐにはどういうサービスをしたらいいのか考えるようになるので、仕事に対する意識も変わってくるのです。

個人事業では、どうしても仕事がほしいので、自分を安売りしてしまう傾向があります。そうすると、いつまでも下請けの安い仕事しか回ってこないので、安売り地獄から抜け出せなくなってしまうのです。

1000万円という目標を先に決めてしまえば、それ以下の仕事は自然としないようになります。

というわけで、ぜひ1000万円稼ぐにはどういうサービスをしたらいいのか、考えるようにしましょう。

たとえば、コーチングやコンサルタントであれば、1時間いくらの単価にするか決められますし、エンジニアやデザイナーなどの場合でも1案件あたりでほしい見積もり金額も設定しやすくなります。

ただ、年間1000万円稼ぐとなると、ピンとこない方もいるかもしれませんので、実例を紹介します。

【ケースA　自社セミナー】

・ホームページの作り方を教える1日セミナー
・1日3万円
・1回3人集客
・月10回開講

【ケースＢ　経営コンサルタント】

・売上アップに関する経営相談
・１社につき、月10時間程度対応
・月額顧問料　20万円×５社

【ケースＣ　ホームページディレクション業】

・ホームページ制作にあたってのコンセプト決め、製作担当者への指示出し
・１案件につき40万円
・月３件受注

【ケースＤ　人材紹介業】

・人材が必要な企業への人材紹介
・１人紹介成約につき年収の30％
・年収５００万円の紹介だと年７人程度

【ケースE　コーチング業】

・面談一人につき約1時間
・1時間単価　5万円
・月20時間対応

その他、フリーエンジニアだと1人月単価を100万円〜150万円として設定して報酬を計算しているようなケースもあります。

ここに書いたのは、どれも実際に稼いでいる例で決して高額ではありません。コーチング業などは、エグゼクティブを対象としたコーチになると1時間20万円〜30万円ということもありえます。

年間1000万円稼ぐには、どうやったら自分の価値を高め、高い金額でも契約してくれるようにするかを考えていくしかありません。

起業をして稼ぎたいのであれば、最初に自分を高く売るという意識を持てるかどうかがカギになります。

売上が上がらず、収入がなかなか上がらないと困っている人は、自分を安く売って仕事をしているのが原因です。自分をどう高く売るかがポイントになります。

私は目標設定ありきというのはあまり好きではないので、昔はあまりこういったことを言っていませんでしたが、考え方を改めました。

というのも、多くの方の起業支援をしていて、まず１０００万円というゴールを持ってもらうことで、取り組むビジネスが変わってくることに気づいたからです。

第 4 章

年 1000 万円稼ぐのに必要なパーソナルブランディング

個人事業では
パーソナルブランディングがすべて

脱サラ起業でよくある失敗は、会社をやめた後でも勤めていた時のお客様から仕事が来るだろうと勘違いしてしまうことです。

私はキヤノンをやめた後、お客様は会社についていたという事実に気がつきました。キヤノンはそれなりにブランドがある企業ですので、キヤノンと仕事をしたいという企業はたくさんあります。

思えば、キヤノンという名刺を出すだけで、私がどんな人間かには関係なく、簡単に人脈を広げることができていたのです。

そのため、私がキヤノンをやめて一個人になると、「大槻さんって誰？」ということになります。それまであった後光のような信用力は一切なくなり、「私」という存在を信じてもらえず、取引がまったくできなくなってしまいます。

私がとてつもなく成果を上げられるような起業支援の方法を知っていて、それをサービス化できたとしても、私という存在が信用されなければ売ることはできません。

キヤノンだから信用力があるのではないかと思うかもしれませんが、中小企業で一般的には知られていない会社でも、会社に所属しているというだけで立派なブランドになります。

今年立ち上げたばかりの会社と、小さくても20年続いている会社と比較すると、20年続いている会社のほうが、圧倒的に社会的信用力は高いのです。

そこで、とても重要になってくるのが、パーソナルブランディングです。

起業すると、起業家としてはまったく実績がない状態からスタートしなくてはいけませんが、パーソナルブランディングがあると、実績に関係なく仕事を獲得できるようになります。

私自身、イベントプロデューサー、デジタルコンテンツプロデューサー、起業支援、組織開発コンサルタントと、実績がないところから常に新しい仕事にチャレンジし続けていますが、どんなビジネスをしたとしても仕事を獲得し続けています。

「まったく実績がなくても信用力がつく」、まるで魔法のような話ですが、パーソナルブランディングは起業家の仕事獲得を助けてくれる要素となります。

自分の能力を売り込むことだけがパーソナルブランディングではない

パーソナルブランディングというと、自分の強みを強調して、「～力」とか「スキル」などの能力を売り込むことだと思われる方がいるかもしれません。

たとえば、「私はＩＴスキルがあります」とか、「文章能力があります」といったようなことです。

たしかに、自分の能力を相手に伝えることはパーソナルブランディングでは大事ですが、能力だけ売り込むことがパーソナルブランディングではありません。

なぜなら「～力」がありますと言われても、その人がどこまでできるのか、よくわからないからです。

ＩＴスキルがあるからといってどんな仕事を頼めるのか、文章力がありますと言われて何をもって能力が高いのか低いのか、評価するのが難しいのです。

実績がない状態で能力だけアピールされても、相手はどう信用していいのか、わからないのです。

もし、会社内で相当な地位を築き、マネージャーとして成果を出したような方でしたら、それがパーソナルブランディングの要素として仕事はとれるでしょう。もしくは、何か特別な賞をとったことがあれば、それがお客様に対して、信用につながります。

実際、そのような人たちは会社にいるうちから、「○○社の田中さんと仕事がしたい」とご指名で仕事ができています。

では、お客様から仕事を指名されるまで、会社にいて実績を作るべきかというと、そうとは言い切れません。業種によっては、ご指名自体が不可能なものもあるからです。

ここでは、能力を売り込むことだけがパーソナルブランディングではないと、覚えておいてください。

次の項目から、具体的なパーソナルブランディングの創り方を紹介していきます。

自分らしさを相手に伝えられるかがカギ

パーソナルブランディングとは、**いかに自分らしさを相手に伝えられるか**がポイントです。**ブランディングでは、その製品らしさとか企業らしさとか、「らしさ」という言葉をよく使います。**

たとえば、世界で最もブランド力がある Apple などは「デザイン」へのこだわりが「らしさ」です。そのためにシンプルなデザインにこだわり、拡張性よりもデザインを優先させます。

今では他社メーカーもデザイン重視の製品を作るようになりましたが、iPhone 以前から Apple はデザインにこだわってきました。このようなこだわりがブランドへのファンを生むのです。

個人事業としてやっていくのなら、ブランディングをしっかりと固めておくことが生命線となります。

もし、あなた自身がユニークな存在だということを伝えられなかったら、お客さんは他の人でもいいと思ってしまい、結果として安いほうを選びかねません。

今では笑い話になりますが、20年近く前に学生に企画や事業計画を教える「企画塾」という私塾をスタートさせました。

その時の私の説明は「受けると企画書や事業計画書を書けるようになります。詳細な内容は受けてみないとわかりません。半年分一括で12万円を前払いしてください」というようなことを話し、一気に申し込んだ人達は、塾にまったく実績がないのに12万円の投資をするかどうか判断を迫られました。

後で気になって、「なんで申し込んだの?」と本人達に聞いたら「こんなに怪しい人は初めて会ったので、つい申し込んでしまいました」と答えてくれた方がほとんどでした。

つまり「怪しい人」というのがその時の私の「らしさ」だったのです。

「怪しいけどこの人は何か提供してくれるのではないか」という期待がサービス申込につながりました。

私の事例は極端な例ですが、「あの人はAというような人だよね」といったように相手の印象に残るかどうかが、パーソナルブランディングできているかどうかの分かれ目です。

パーソナルブランディングは「CARSの法則」で整える

パーソナルブランディングとして、能力以外に何を伝えるべきでしょうか？

ビジョン、ミッションといった自分の軸は必ず伝えるようにしましょう。企業でいうと企業理念というものになります。

さらに、なぜそのような考えにいたったのかという、自分の過去についてのストーリーが必要になってきます。私はこれらをまとめてCARSの法則と言っています。

CARSとは、

Change（ビジョンによる変化）

Ability（能力）

Role（役割・ミッション）

Story（背景）

という4つの頭文字の略です。

CARS の法則

Change（ビジョンによる変化）

自分がこの社会をどう変えたいのか、具体的なイメージ

Ability（能力）

自分が変革に対して持っている能力

Role（役割・ミッション）

どのよう役割、立場で関わりたいのか

Story（背景）

どのような経緯で社会を変えたいと思い、能力を獲得したのか

CARSのポイントをとらえる

▼Change（ビジョンによる変化）

ビジョンという言葉はよく聞くものの、何を書いたらいいのか、よくわからないと思います。

ビジョンとは、今ここで起きているどんな事象をどのように変えたいのか、ということです。**結果として社会にどのような変化を与えたいのか**ということになります。

願望や理想論ではなく、「今、ここ」で起きていることにリンクしていなくてはいけません。

たとえば、「私は今の日本をもっと平和な国にしたいです」と言われてもほとんどの人は否定しないものの、そのために何か協力したいとは思いません。

なぜなら、今の日本は他の国に比べてだいぶ平和だと多くの人が実感しているので、そこまで「今」を変える必要があるのか、と思ってしまうからです。

一方、次の場合だといかがでしょうか？

「東日本大震災のダメージから完全復活できていない復興途上の水産業者を何とかしたいのです」

こう言われると、人によっては「知り合いの加工業者を紹介しようか？」というような話になるかもしれません。

これが、30年後で震災のダメージがないような状況になったら、「もうみんな復活しているよ」となり、同じことはビジョンにならないのです。

ビジョンとは、願望や理想論ではなく、自分が今現在気になっていて、負の感情を感じている事象をどうにか変えたい（Change）ということです。

まず、ビジョンのカギは自分が直接触れられているかどうかということです。直接触れられないことからは共感は生まれません。

つまり、メディアなどを通して知ったような情報は直接触れられないのでビジョンにはならないのです。

たとえば、海外で起きている戦争の映像を見て悲惨でヒドイと思うかもしれませんが、直接触れていないので、現地に行って難民を助けようと思う人はほとんどいません。

一方、身近にいる自分の友達で生活もできずに困っているような人がいたら、何とか助けてあげたいと思うはずです。

問題の大きさよりも、直接触れられるかのほうが大事になります。

では、負の感情とは、どういうものなのかというと、イライラとか怒りとか、ふざけるな、といったような感情です。このような感情が湧き起こるからこそ、それを変えたいと思うようになるはずです。

自分で生活していて、納得できないことは少なくないかと思います。そういったものがビジョンになりえます。

ちなみに、私の起業支援におけるビジョンは「会社に依存しないで経済的自立ができることが当たり前と思える社会を作りたい」ということになっています。

▼Ability（能力）

Abilityというのは、ビジョン達成のために必要な能力のことになります。

自分はビジョンを達成できる能力を持っている人材だということを客観的に説明できるかどうかがポイントです。

大きくは、

(1)マインド：物事への考え方、信念、価値観
(2)スキル：知識、ノウハウ、技術
(3)所有資源：資産、人脈

という3つの要素で説明します。

スキルは能力の中の一つの要素にすぎません。

たとえば、私の起業支援を例にとると、スキルについては、会社の作り方から、ビジネスの組み立て方や顧客獲得の方法まで、創業時に必要な知識や能力を私は持っています。

所有資源については、投資家といった人から、ＩＴ系やマーケッターなど、何千人もの人脈を私は持っています。

こういった3つを掛け合わせた能力が、「なぜ、自分ができるのか（Why I can）」を裏

づける説得力になるのです。

ただ「起業支援できます」と言われても、その人に投資をしてもいいのか、よくわかりませんよね。能力に関してはこの3つの観点から説明していきます。

▼Role（役割・ミッション）

ミッションとなるRoleとは、持ち合わせている能力でどのような役割、立場で関わるのかということです。

起業でいうと、実際に提供するサービスや製品にあたります。

私の場合の起業支援だったら、「個人面談を通して起業したい人をサポートします」ということになります。同じ起業支援でも他の人であれば、本を書いて書籍を通してという人もいれば、YouTuberという立場だったり、投資家だったり、コーチとして……という人もいるかもしれません。

同じ起業支援でも、いろいろな役割立場でサポートすることができるわけです。

どのような役割でビジョン達成に貢献するのか明確にします。

▼Story（背景）

なぜ、自分はこのようなビジョン、ミッションを持つにいたったのか、この背景（ストーリー）です。

まず、何歳の時に、どんな経験をしたのかということを明らかにします。

たとえば、次の二つの例を見てください。

A「昨日まで起業塾にいたので起業支援をすることにしました」

B「私は14歳の時に起業に目覚め、それ以来、起業に役に立つかどうかで自分の人生を決めてきました」

AとBではだいぶ違います。

どのような場面で、何を感じてきたのか、自分が実際に経験したことをベースに語ることにより相手からの共感を生みます。

ここで、私が支援した方の事例を一つご紹介させていただきます。折戸裕子さんという方で、もともと大手通信系の企業であるドコモで研修業務などを行っていた方です。株式会社カレントリンクスを創業し、人材活用支援のための研修やコンサルティングを行っています。

さらに、折戸さんは起業して間もなく実績がない状況で本を出すことができました。CARSを強固なものにして、パーソナルブランドを高めて、自分の強みが生きる出版企画を考えられたから出版化できたと思います。

起業家の中には実績が出ないと本を出せないと思っているかもしれませんが、CARSの法則がしっかりできていると、出版も夢ではないということです。

ぜひともとことんご自身のCARSをしっかりと構築していってください。

折戸さんのCARSは下記になります。

Change（ビジョンによる変化）

・リーダーになってしまった人が苦しまない世界を作りたい

Ability（能力）

・ドコモにおいてリーダーシップ研修を開発してきた

Role（役割・ミッション）

・リーダーシップのメソッドを、リーダーになった人に伝えたい

Story（背景）

・リーダーシップに苦しんできた経営者や店舗リーダーなどと出会ってきた

なお、後述しますが、CARSに関してはできる限り、起業家など他の方に見せて、所感を得るようにしましょう。

パーソナルブランディングのためにビジョンを具体的にする

まずビジョンを具体的にすることがポイントです。

ビジョンは未来のことなので、どうしても理想論になりがちです。今起きている事象と他の人も触れられる事象とのつながりによって、聞く側は自分にも関係があるという意識になります。

２０２０年に大流行をしているコロナウイルスを例にとると、最初中国以外の国の人達は中国が大変なことになっていても、それが自分達のところにも起きるとは想像していませんでした。

ところが、周りで急に感染者が増えはじめると、対岸の火事ではなくなり、真剣に考えるようになります。

人は自分が直接触れられないことには、メディアなどでとり上げられたとしても、それによって動こうとはなかなかしません。環境問題のように大変なことだけれど、どうしても自分には関係ないと思ってしまうところがあるのです。

なので、ビジョンはなるべく伝える相手の近いところで起きている事象がテーマになっているかどうかが、相手の心に刺さるビジョンかどうかの違いになります。

さきほども言いましたが、大事なのでもう一度伝えます。

ビジョンとは、願望や理想論ではなく、自分が現在気になっていて、負の感情を感じている事象をどうにか変えたい（Change）ということです。

あなたの身の回りの事象を一つひとつ見ていけば、「変えたい」ものがあるはずです。

たとえば、同僚とお酒を呑む時など、会社への不満が愚痴となって出てきたりします。

そういう何か変えたいものを見つけにいくことが、ビジョンを組み立てる時に大いに参考になります。

誰とつながりたいのか明確にする

パーソナルブランディングではすべての人から愛されたり、認められる存在になりましょうということではありません。

むしろ、**つながりたくない人をはっきりさせます**。そして、**自分のコアなファンから愛される存在になれるかがポイントです。**

たとえば、私は人間性中心の起業支援ということを言っていますが、これは起業するすべての人に受け入れられるとは思っていません。

人によっては人間性よりも、儲かるかどうかのほうが大事だと思っている人もいるからです。

人の気持ちよりも、数字のほうが大事という人がいることは知っていますし、価値観は人それぞれです。

私は私の考えに賛同してくれる方とだけビジネスをしたいので、無理に違う考えの方を啓蒙して取り込もうとは思いません。

大事なのは、誰からも愛される存在を目指すことではなく、どういう人とつながりたいかを明確にして、ターゲットを絞ることです。

きっちりターゲットを細かく絞っているからこそ、自分の価値観に賛同してくれた自分のファンが生まれます。幅広い人にアピールしようとすればするほど、自分のブランディングは薄れていくと考えましょう。

また、ブランド力があると言われている有名企業も、どういうお客様に認めてもらいたいかをしっかりと定義しています。

ルイ・ヴィトンなどのお店が多くの人にとって入りづらいのも、しっかりとした顧客セグメンテーションをしているからです。だからこそブランドになります。

どういう人とつながりたくて、どういう人とつながりたくないのか、まずは一度自分の中でまとめてみてはいかがでしょうか？

徹底的な自己分析で磨きをかける

パーソナルブランディングをする上で、徹底的な自己分析が必要です。これはどの起業本にも書かれているでしょうし、自己分析を避けて通ることはできません。

しかし、この自己分析をするということについて、苦手意識を持っている人は少なくないような気がします。

皆さんも就職活動の時、面接対策で自己分析をした経験があると思いますが、長い時間をかけたわりに手応えがなかったという人も、実は多いのではないでしょうか？

そんな方にポイントをお教えします。

それは、自己分析は「自分の経験ベース」で考えるということです。

自分が未経験のことについて語ることはできませんし、自分のストーリーにないことを伝えたとしても相手に伝わりません。

たとえば、私が起業したこともないのに、起業について語っていたら、妙な感じになるはずです。経験していない人が力説しても、「それは理想論ですよね」と思われるだけです。自分が作りたいイメージに合わせてストーリーを創作すると、相手へのインパクトが弱くなるということを覚えておきましょう。

そこで、自分がどんな経験をしてきたかを一度棚卸しして、書き出してみます。

自己分析のポイントは、ただ自分に起きたことを棚卸しするだけではなく、自分に起きた出来事について、どのようにその時「感じたか」を整理することにあります。

パーソナルブランディングで他人を惹きつけるには、他人から共感をもらう必要があります。共感とは「共に感じる」です。何も感じていない出来事について他人が共感してくれることはありません。ストーリーの中に他人も感じられるものがあると、CARSがより説得力を増すのです。

たとえば私の場合、中学時代にいじめを受けて「悔しい」思いをしました。その悔しさはいじめをした人にではなく、いじめが発生する環境を作った学校や学校をとり巻く組織に対してでした。結果として組織に流されず、自分の道を自力で開こうと思ったのです。

同じいじめに遭っても、別の感じ方をした方もいると思います。どのように感じたかということを明らかにできるかが、自己分析のポイントになるのです。

何回もアウトプットする

パーソナルブランディングは一回で終わることはありません。起業したのちも何回何回も見直して、書き直します。

そのためには、より多くのフィードバックを他人から受けてブラッシュアップする必要があります。

私の支援では、あまりにも何回もやり直しをお願いするので、ある顧客から「いつ私を許してくれるのですか？」と言われたことがあるくらいです。

私自身が作成した時は、バージョンとして16回以上、その数倍は細かく書き直しているので、何十回と人に話をし、修正を繰り返しています。

こまめにアウトプットをして、他人に話すと相手の反応を得ることができます。それを見て、反応がよければ伝わっている証拠ですし、悪ければ書き直しということをひたすら繰り返します。

最初はしっかりしたプレゼンなどする必要はなく、メモ書きレベルでかまいません。さきほど説明してきたCARSの４つの項目について抑えられていれば、充分です。

もしCARSについてうまく書けないようであれば、次の質問について、まず答えてみてください。書くことを通して自分の中で整理できているかどうかがわかります。

(1) Change
・あなたがこの世の中で変えたいと思っていることは何ですか？
・どのように変えたいですか？

(2) Ability
・ビジョン達成にあたりどういった考え方を大事にしたいですか？
・あなたはどういったスキル、知識を他人に提供できますか？
・どういった人脈を持っていますか？

(3) Role
・どんなサービス、商品、やり方で変えたいと思っていますか？

(4) Story
・どういった経験からこの考えにいたりましたか？

パーソナルブランディングが仕事を引き寄せる

▼パーソナルブランディングはプル型

パーソナルブランディングがうまくいくと、向こうから仕事が来るようになります。マーケティングは基本的にプッシュ型です。お金と時間を使って、製品が売れるようにコントロールしていきます。

広告費を使ったりブログを書いたりすることによって、こちらから自分が売り込みたい製品やサービスを売り込んでいきます。マーケティングは即座に効果が出るものの、効果は短期的です。

一方でブランディングはプル型です。こちらから売り込まずに向こうから顧客がやってきます。

自分が考えているビジョンや信念にこだわり、ひたすらメッセージを外に発信し続けていけば、やがてファンができて、ブランドを支えていきます。即効性はありませんが、じわじわと効いてきます。好きなブランドから他のブランドに簡単には乗り移らないように、効果は長期的です。

もちろん、マーケティングも大事ですが、どうしてもお金と時間を投資しないとなりません。

一方、プル型のブランディングならば、さほどお金をかけなくてもできますし、後々の大きな武器となります。ブランド力が高ければ、周りが勝手に応援してくれることだって、あるのです。

たとえば、かつて世界で1位のブランドだったアップルの新製品情報を、ＣＭだけではなくニュースなどで目に触れることも多いでしょう。製品を発表しただけでメ

パーソナルブランディングはプル型

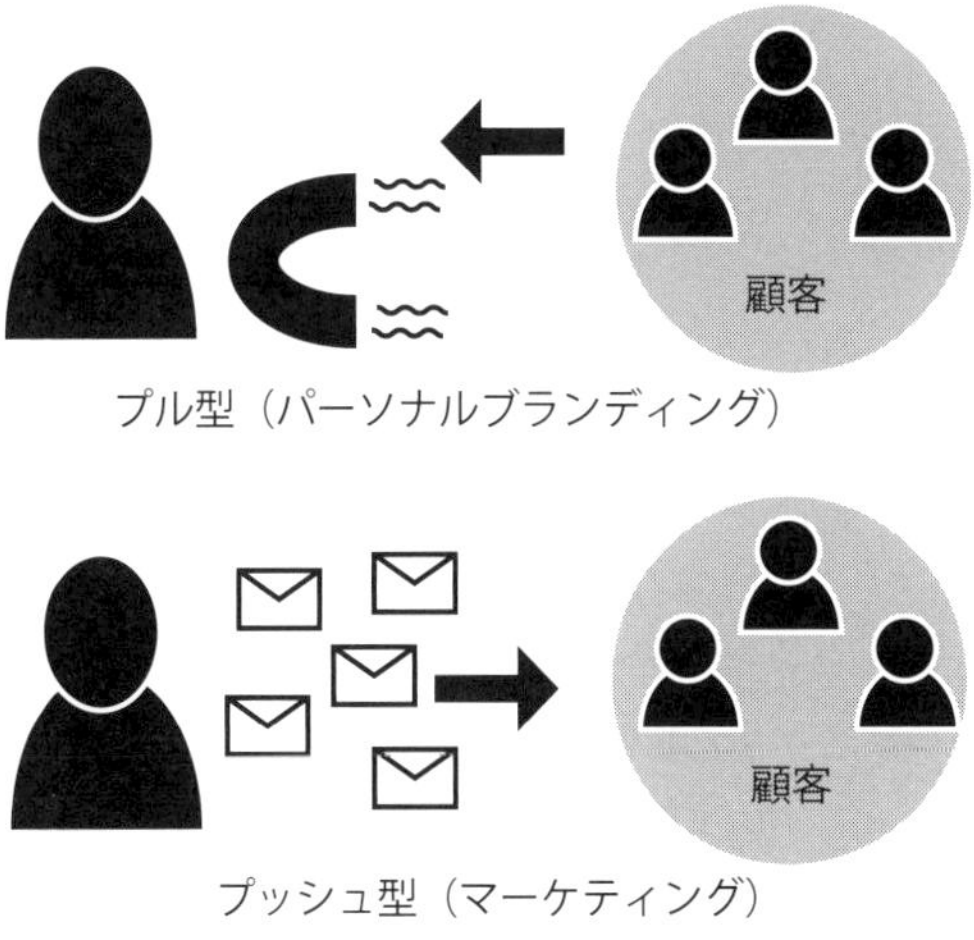

ディアがとり上げてくれて、世界中に拡散していきます。

一方、ブランド力が弱いスマートフォンメーカーは新製品を発表しても、メディアにとり上げられることもなく、拡散されることもありません。

ブランド力があると、周りが勝手に取材してくれて、周りが勝手に宣伝してくれるのです。

ブランド力の差というのは、周りが盛り立ててくれるか、こちらから一生懸命に売り込まないといけないのか、という差になります。

▼ブランディングができれば価格交渉にも強くなる

本当にパーソナルブランディングができてくると、座っていても、向こうから仕事がやってきます。

ブランディングがないと、自分から売り込まないと相手にしてもらえないので、仕事をとるために安い値段になりがちです。それに対して、ブランディングができていると、「あなたに仕事を頼みたい」と相手がやってきて、自分を高く買ってくれます。

よくあるのが、お金の話は一番最後になり、「いくらならやってくれますか?」という展開になります。

なので、ブランド力があれば、こちらが価格決定権を握ることができるのです。

さきほど、個人事業の弱点として価格交渉力を挙げましたが、パーソナルブランディングさえ構築していれば、この弱点は克服できます。

個人事業で年１０００万円稼ぐには、このパーソナルブランディングがどうしても必要になるのです。

第 5 章

起業アイデアの見つけ方

どんなビジネスをするかよりも誰とつながりたいか

ビジネスの基本は企業が顧客に商品やサービスを提供し、その対価としてお金をもらうことです。**顧客がお金を払っているのは商品やサービスにではなくて、商品やサービスがもたらしてくれる価値に期待をしてお金を払っているのです。**

たとえばこの本であれば、起業の準備が前に進む、会社員ではできなかった仕事ができるようになる、といったような期待です。そういった期待を顧客が信用した時に、初めて顧客はリスクをとってお金を払ってくれます。

この本の場合ならば、書店に並んでいるだけで、しっかりした情報があるのではないかと信用されているわけです。

ビジネスはここまでの関係性で成立するのですが、起業する場合にはもう一つ、「顧客からの承認」という大事なキーワードがあります。

「顧客からの承認」というのは、顧客からの精神的報酬です。

今では東証一部上場企業となっているユーグレナは、世界で初めてミドリムシの大量培養に成功したものの、ホリエモンこと堀江貴文さんが出資していたことにより、ライブドアショックの時に一気に取引先がいなくなりました。

苦境だったその時に、ある顧客が創業社長である出雲さんのところに感謝の手紙をくれたそうです。手紙には製品の素晴らしさと感謝の言葉が綴られていて、出雲社長は大きな勇気をその手紙によって得られたそうです。

顧客は「お金」という企業が生きていく上で大事な要素を与えてくれますが、「承認」というもう一つ大事な要素ももたらしてくれます。

この「承認」が起業に活力を与え、前に進めてくれるので、いかにして得ていくのかということが、起業においての大事なポイントになります。

ところが、実際の起業を見ていると、顧客からの「承認」をもらえそうにないビジネスをしようとしたり、わざわざ自分が苦手な人にビジネスをしようとするケースが多いのです。それが結果として疲れてしまい、ビジネスをやめるきっかけになります。

嫌な上司のもとで仕事をするのは誰もが嫌なはずです。それでも、なぜか会社員の悲哀をまた味わおうということがよく起きるのです。

せっかく起業しながら、相手の言いなりになったり、ぺこぺこ頭を下げるようでは幸せな起業とは言えません。

たとえば、「せどり」ビジネスというのがあります。安いところで仕入れて、高いところで売る非常にシンプルなビジネスです。古物商許可をとっておけば違法でもありません。資本金もあまり必要としないので、手軽にはじめるビジネスとしてはうってつけです。

しかし、それで儲けても続けられないこともあります。

ある知り合いがこのせどり系のビジネスで起業をし、順調に儲けられるようになったのですが、はじめて数年でやめたいと言いはじめました。

なぜかと聞くと、同じ作業をひたすら繰り返すだけで楽しくないというのです。このビジネス、A地点からB地点に商品を転売するだけで、顧客から「ありがとう」と言われることがほとんどありません。結果として何のために仕事をしているのか、わからなくなってしまうのです。

起業におけるメリットとは、人間関係を選べる自由ということを前の章で書きました。顧客を選ぶことができるからこそ、自分がやりたい人とだけ仕事を行えばいいのです。

こういったことを書くと「商売はそんなに甘くない」というような声が聞こえてきそうですが、そもそもなぜ起業しようと思ったのでしょうか？

もし耐え忍び苦労してビジネスをしたいのであれば、安定した給料を保障してくれる会社員でいたほうがよほど楽です。

起業にはリスクがつきまといますので、大変な思いをして、ストレスを抱えてまでやることではありません。

「誰とビジネスをしたいのか」

それがビジネスアイデアを考える上でのファーストステップです。

自分が関係を持ちたい人とだけビジネスを行っていると、やる気が起きてきますし、ビジネスが楽しくなってきます。

ビジネスアイデアを考える時に「どんなビジネスをするか」よりも「誰と」をつねに先に考えてください。

実際の顧客に触れてみる

起業においてターゲットとする顧客を定義するためには、誰から「ありがとう」と言われたいのか、はっきりさせることです。そのためには、実際に顧客候補に触れてみて、自分の感じ方をチェックしていきます。

好きな人ができると、その人に近づいてその人のために動きたいと思うようになるのと同じで、気持ちが湧いてくると勝手に起業準備が進むようになります。顧客がわからないのにサービスだけを考えていると、顧客がどう喜ぶのかが想像できないので、起業準備のワクワク感をあまり感じられません。

「この人のために何とかしてあげたい」と思う気持ちが出てくるからこそ、そのために何ができるのかサービスを考えはじめるようになるのです。

具体的なアクションとしては、

⑴顧客定義を大まかに決める
⑵実際に会ってみる
⑶会ってみて自分がどのように感じるかをチェック
⑷相手に対してプラスの感情が湧かないようであればまた⑴からやり直し
⑸会ってワクワクしたら細かく顧客定義をする

というようなステップです。

最終的には、細かく顧客定義をするのですが、最初は主婦向けとか女子大学生向け、といった大ざっぱな定義でもかまいません。ここで時間をかけて考えてもしかたがないので、大まかな候補を決めたらすぐに会いに行きます。

そして、会ってみて自分の感じ方をチェックします。体はストレス反応ですぐに答えをくれるはずです。嫌な人だと疲れたり、胃が重くなるのに対し、好きな人だと気分が軽く、ワクワクしたりする、といったような反応です。

もし何も反応が起きないということは、相手に関心がないということなので、すぐ次の候補に向かいます。とにかく人に会いまくるしか、このステップをクリアする方法はありません。

支援したある方の事例を紹介しましょう。

その方は主婦向けのサービスをしたいとおっしゃっていたため、まずヒアリングしてもらったのが私鉄沿線のスーパーから出てきた主婦でした。

「やってみてどうでした?」と聞いたら、「メチャクチャ疲れてエネルギーを吸われる感じがしました」とおっしゃっていました。

これは顧客ではないだろうという判断で、次は新宿髙島屋の食料品売り場から出てくる主婦にインタビューすることになりました。

同じように「どうでした?」と聞いたところ「すごくワクワクして楽しいです」という答えが返ってきたのです。もちろん、こちらを顧客と設定し、起業の準備を固めていきました。

このように、同じ主婦でも私鉄沿線のスーパーで買い物する主婦と、百貨店で買い物する主婦とでは、その人は感じ方が違ったわけです。

もちろん、これは人それぞれによって違います。「百貨店の主婦のほうが疲れる」とおっしゃる人もいるでしょう。

どちらが正解か、ということではなくて、人によって感じ方は違うため、自分の感覚をチェックしようということです。

マーケッターの観点だと、年齢、性別、職業といった層で分類をして、市場性のある顧客定義でビジネスを立ち上げようとします。儲けることだけが目的の場合は、これで問題ありません。

起業においては、メンタル崩壊を回避するためにも、自分が会ってみて自分の感じ方をチェックするほうが大事です。会ってみれば、自分がつながりたい顧客に関してのヒントがあるはずです。

メンタルの罠には近寄らない

メンタルの罠にはまりがちな人の特徴として、「本当はしたくないんだけど、儲かるから……したい」と信じ込んでしまうことが挙げられます。

ある方が「楽しくないことをやりたいです」とおっしゃったことがあり、私は「なぜ？」と疑問に思ったのを覚えています。

その方に理由を聞いてみると、こんなことをおっしゃるのです。

「仕事が楽しくなるということはありえないし、他の人が嫌がることをしたほうが儲かるから」

そこで、私は「楽しくないことをしたいですか？」と質問をしたら「したくないです」と答えられました。

本人も気づかないうちにループに入り込んでしまっていると、感じました。こういう思考がメンタルの罠にはまりやすいのです。

最悪、メンタルがやられて事業を続けられなくなるかもしれません。

先ほども述べましたが、起業家は会社員の７倍も精神的な問題を抱えやすいというデータが出ています。

▼メンタルの罠にはまると抜け出せなくなる？

儲け話があったら、中味に関係なく、ついつい心惹かれることだって、どんな方にもあるはずです。

儲けた人の話を聞くとうらやましいと思うし、自分も儲けたいと思う。利得を得たいという人間心理のさがです。

私がＩＴ系のビジネスをしていた時に、儲かるかどうかでビジネスをしていた結果、非常にストレスを感じながら仕事をしていました。周りからは「苦しそうな顔をいつもしている」と言われていたくらいです。

「そんなにつらいのならやめればいいのに」

こう声をかけてくださった人もいましたが、すでに儲かっているので、やめられない状態になっていました。

人に何かを教えることよりも、ＩＴビジネスのほうが楽に儲かるので、その魅力になかなか勝てなかったのです。

儲かっているものを人はなかなか手放せません。そうすると、自分の感じ方を無視することにより、やがてメンタル崩壊にいたってしまうのです。

私の場合も、事業では利益が出ていたにもかかわらず、ウツの一歩手前までいってしまいました。

▼儲かるかどうかより、自分の感じ方を見る

儲かるかどうかを優先して顧客を見つけようとすると、自分の感じ方を無視することになります。

せっかく起業したのに、お金が儲かるからという理由だけで、嫌な人とまたつきあいたいとは思わないはずです。

ましてや、その嫌な人から嫌な仕事を継続して請け負うなんてことをしていたら、いつかストレスが飽和状態になって抑えきれなくなり、仕事が手につかなくなる可能性だってあるでしょう。

せっかく、起業すれば人間関係の自由を手に入れられるのに、不自由になってしまっては意味がありません。**気持ちが乗らないと思った瞬間に、すぐに手がけようと思っているそのビジネスを手放したほうがいい**のです。

起業では最初の大変な時期をやり抜く力が求められるので、「思考」よりも「気持ち」のほうが起業では大事になります。

ビジネスアイデアとは顧客が困っていることを解決すること

自分が関係を持ちたい顧客を見つけることができたなら、その顧客がどんな問題を抱えているかを調べておきましょう。

顧客が抱えている問題を解決することがビジネスアイデアになります。顧客自身が解決できずに困っている問題を解決してくれることは、顧客にとってメリットになるので、お金を払う理由になるわけです。

ビジネスアイデアというと、身構えてしまう方もいますが、難しく考える必要はありません。二つほど例を挙げておきます。

例1：

顧　客「起業準備のしかたがわからないので、解決してほしい」

あなた「起業支援をして、解決します」

例２：
顧　客「ホームページの作り方がわからないので、誰か教えてほしい」
あなた「ホームページ制作講座を開きますので、そこで解決できます」

わかりますよね？
顧客は自分に変化を起こしてくれる人に期待をして、お金を支払うということです。顧客のどんな問題をどのように解決して、顧客の現状をどのように変えたいのか、それを考えることが具体的なビジネスアイデアにつながります。

　では、この原則をつかみましたら、ビジネスアイデアの具体的なステップを紹介しましょう。

ビジネスアイデアのための具体的なステップ

ビジネスアイデアのための具体的なステップは以下になります。

(1)顧客が現在抱えている悩みを聞く
(2)顧客が解決できずに困っていることを聞く
(3)自分が顧客に提供できるサービス、商品を考える
(4)顧客検証を通して稼げるかをチェック

1つひとつ見ていきましょう。

▼顧客が現在抱えている悩みを聞く

顧客を見つけたら何を変えたいのか、変えたいことについて聞きます。悩みがあるとい

うことは、現状の何かを変えて理想的な状態になりたいけれども、うまくいかずに困っているということです。

例：

「名刺交換した時に見せられるホームページがほしいけれど、どうしたらいいのかわからない」

「英会話スクールに通っているけれど、うまく海外の人と英語でしゃべれないので、コミュニケーションをもっとスムーズにとれるようになりたい」

▼解決できずに困っていることを聞く

顧客が期待する理想的な状態になる上で、障害になっていて一番解決してほしいことを聞き出します。

ご自身でできることであれば、他人に頼る必要はありません。自分自身では解決できずに困っていることを探します。

例：

「ホームページ作成の業者はたくさんあるのだけれども、どこに依頼したら最適なホームページを作ってくれるのかがわからない」

↓業者の選定方法が一番の課題

「相手との会話において、相手が何を言っているのかがよくわからないので、会話が続かなくて困っている」

↓話すことよりもヒアリングが課題

(3)自分が顧客に提供できるサービス、商品を考える

自分が顧客に対してどのような働きかけ（解決策）ができるのか、自分のリソース（スキル、人脈、お金）を使って考えます。

顧客にとって解決方法は一つではなくて、いろいろ考えられます。ご自身ができる中で最適な解決方法を提示します。

例：
「ホームページ制作業者の選定方法がわからない」
↓ホームページ制作のためのコンサルティングサービス
「話すことよりもヒアリングがうまくできない」
↓ヒアリング能力を上げられる英会話特訓コース

⑷顧客検証を通して稼げるかをチェック

顧客にとってニーズのあるサービスや商品を思いついたとしても、顧客がこちらの期待するお金を払ってくれるとは限りません。こちらが提供する解決策について、どの程度のお金を払ってくれるのか、検証する必要があります。

こちらとしてはコンサルタント業なので、５万円は最低ほしいと思っても、顧客は５０００円程度だと見込んでいるケースもあるでしょうし、「５万円どころか10万円支払います」ということもあるかもしれません。これはヒアリングと一緒で実際に顧客とやりとりしながら感触を探るしかありません。

もし、顧客がまったくお金を払う気がない場合には、得られるものに対してリスクを払いたくないということなので、ビジネスとしては難しいということになるかもしれません。その場合には顧客が本当に変化を求めていることなのか、解決してほしいことなのかを再チェックします。

顧客に直接触れないネットサービスをはじめる場合でも、できれば顧客と直接ヒアリングしてからスタートできると楽です。

たとえばYouTuberになって稼ぎたいという時、先に顧客がどんな情報をほしがっているのかを探ることができれば、それに沿ったコンテンツを作ることができます。やみくもに数を撃てばそのうちあたるかもしれませんが、それでは非効率です。

顧客が困っていることを解決することがビジネスアイデア

STEP 1
顧客が現在抱えている悩みを聞く

STEP 2
顧客が解決できず困っていることを聞く

STEP 3
自分が顧客に提供できるサービス、商品を考える

STEP 4
顧客検証を通して稼げるかチェック

第 6 章

個人事業のための顧客獲得方法

楽に仕事が獲得できる下請け方式

個人事業が仕事を獲得していく方法として、交流会を通した人脈作り、セミナー集客、ネットマーケティング、知り合いからの紹介など、さまざまな方法があります。

中でも、一番安定していて顧客獲得の心配がなくなる方法は、特定の企業の下請けになり、案件を受注することです。

下請けというのは、元請けが特定の会社に継続して仕事を発注し続ける仕組みです。

メーカーであれば、ある製品を作る時に、毎回新規の取引先を探すのではなく、外側のパネルを作るのはA社、中の電子部品を作るのはB社、ソフトウェアについてはC社、といったように、あらかじめどこに発注するのかがだいたい決まっています。

日本のメーカーではごく当たり前に行われている方式です。

私がキヤノンの茨城県にある取手工場にいた時、多くの下請け先と取引をしていました。

下請け先の中には、当時売上額が１００億円、３００億円といった企業もあり、元々のルーツを聞くと、周辺で農業をしていたというケースをよく見かけました。キヤノンは工場が拡大するにつれて人手が足りなくなり、周りに点在する農家に工場の仕事を手伝ってもらうようにお願いしたのです。

結果として元々農家をしていたはずが、キヤノンからの仕事がどんどん増えていき、気づいたらプレス屋やモールド屋といった下請け部品のメーカーに成長していったのです。

このように、ある企業が急成長する時には、社内の人材だけではまかなえなくなり、外部に発注するということはごく普通に起こります。そして単発ではなく、定期的に元請け会社から仕事をもらえるようになると、ビジネスはとても安定します。

ポイントは、毎月一定額の受注が見込めることです。特段の営業活動をしなくても毎月仕事をもらうことができます。新規顧客をとりにいかなくても商売が安定します。

個人事業をする側としては営業にエネルギーを割かなくてすみますので、非常に楽です。

一方で**デメリットとしては、特定の企業に依存することになりますので、自分達で新規顧客の開拓をしなくなってしまい、成長力が弱まってしまう危険性があります。**

また、元請けの景況感によって、自社の売上も大きく影響を受けます。突然のコストカット、発注停止などもありえますので、元請けに完全に依存をしていると、突然事業が立ちゆかなくなるということも発生します。

　さきほど私が書いたキヤノン時代の１００億円、３００億円の会社も私がいた時は好調でしたが、キヤノンの主幹工場が中国に移ってしまった後、時代の流れについていけず、軒並み潰れてしまいました。

▼まずは下請けを目指す

　立ち上げ期には新規顧客をとり続けるのは大変なので、どこかの企業の下請けを目指すことをまずお勧めします。同業で、ある程度成功して規模が大きくなっている企業であれば、自社内でまかないきれていない可能性がありますので、そういったところにアタックをしていきます。

　そしてある程度キャッシュが回るようになったら、下請けであり続けるリスクを避けるために、新規顧客の開拓ルートを作るようにします。

　ただ、下請け方式というのは法人から仕事をもらう話ですので、個人向けのサービスや製品の場合にはあてはまりません、注意してください。

具体的にどのように案件をとるかというと独立型の起業であれば、元々勤めていた企業との関係を良好にしておいて、元の職場から仕事をもらうことが一番安定します。独立型が起業のタイプとして一番安定している理由です。

エンジニアやデザイナーなどの特定のスキルを持っている場合、常駐型といった形でこの方式の仕事を獲得することもできます。週何日クライアント先の企業に行くような契約です。常駐案件は元請けとのマッチングをしてくれるエージェントがいますので、そういった会社に登録をしていきます。

そして、残る方法は人脈を通して紹介してもらうことです。

先ほどのキヤノンの例ではありませんが、結局身近に接点があるところに元請けは発注していきます。元請けとなりそうな企業とつながりがある人とつながっておけば、仕事をもらうことが可能だということです。

元請けは本当にスキルのある会社を探すよりも、とりあえずすぐに発注できる会社のほうを求めます。なので、この領域に関してはネットマーケティングというよりは、人と人のつながりのほうが仕事につながりやすくなります。

ネットマーケティングは仮説と検証の繰り返し

起業する人で、最初の顧客獲得方法として安易にネット広告を考えている人がいますが、注意が必要です。実は資金に乏しい個人事業では、あまりお勧めできません。

私がネットビジネスをはじめた2002年頃は、数万円ネット広告費をかけただけで、ネットから簡単に集客をすることも可能でした。少しSEO対策というグーグルへの検索対策をするだけで、検索順位を簡単に上位に上げることもできました。

ところが今は競争が激しく、どこもお金をかけるので、ネットマーケティングに関するコストが非常に高くなってきています。月10万円、20万円かけたくらいだと効果がゼロということもありえます。

▼ネットマーケティングは仮説と検証を繰り返すしかない

ネットマーケティングは、ひたすら仮説と検証の繰り返しをしていきながら、費用対効果の高いプロモーションを打てるようにしていきます。プロのマーケッターも最初から売れる広告を打てるわけではありません。ＡＢテストをひたすら繰り返して、より成約率の高いほうを地道に選んでマーケティングをしていきます。

たとえば、この本であれば、こんな感じです。

Ａ：「会社員のうちにできる起業ステップお教えします」
Ｂ：「起業で年収１０００万円！　経済的自立を得るための起業方法について」

広告を2つ出し、どちらの広告のほうがより消費者の反応を得られるのか、チェックします。

そして、反応がよかったほうを採用し、今度はまたCという新しい広告を作り、さきほど優位だった広告と比較をしていきます。

このＡＢテストをひたすら繰り返していくわけです。いずれどういったキーワードを使うと顧客からの反応がいいのかがわかってくるようになります。ベストな方法がわかったら、一気に広告費をかけて顧客獲得に向かっていくのです。

要は、すぐに効果が出るわけではなくて、時間とお金の両方のコストがかかることを知っておきましょう。

もし、このＡＢテストの重要性がわかっていなかったら、勘だけで広告を打つことになり、ネットマーケティングが博打となってしまいます。

実際、ある会社は1か月に３００万円をネット広告にかけて、まったく反応が得られなかったというエピソードを聞きました。

それに、すでにビジネスを軌道に乗せているライバル企業は１００万円、２００万円、さらには数千万円もかけてネット広告での顧客獲得活動をしています。資本金が少ない起業家は簡単に太刀打ちできませんので、最初の顧客獲得方法としてネットマーケティングを選ぶのは、リスクが伴うのです。

ただし、独立型タイプでネットマーケティングのノウハウを持っているのであれば、ネットマーケティングからスタートしても問題ありません。

私が支援したある独立型タイプで不動産仲介の事業をはじめた方は、初月にネットマーケティングに数百万円を投じていました。それでも、投じた金額の2倍近い売上を広告費から上げていたのです。

その方は以前勤めていた会社でネットマーケティングに関するノウハウを得ていたので、どこにどのような広告を出せば人を集められるのかを知っていました。

▼オンラインメディアを立ち上げての集客は労力がかかる

また、地道にブログ活動であったり、記事を書きまくるオンラインメディアを立ち上げて、そこから集客する方法は有効です。

ただ、安定的に顧客が集まるようになるまでには、1年は覚悟が必要で、即効性がなく、かなりの労力が必要です。

ノウハウと資金力があればネット広告。なければ時間をかけて人が集まるサイトを作るか、ネットマーケティング以外の方法で顧客獲得する方法を考えます。

新規顧客開拓はハウスリスト作りから

まったく顧客獲得ノウハウがない状態から、ネットマーケティングにしろ、店舗で集客するにしろ、直接営業するにしろ、新規顧客獲得ができるようになるには、早くて半年、少なくとも1年は覚悟が必要です。

人通りの多いところでお店を開けば、たくさん人が来ると思うかもしれませんが、そうとは限りません。人が来なくて閑古鳥が鳴いて、潰れそうになったという話をよく聞きます。

たとえば、知り合いの飲食店でも最初は友達関連が来て賑わうものの、すぐに人が来なくなって集客に苦労するという話を聞きました。

顧客獲得については、何とかなるだろうと思ってやってみても、何ともならないことのほうが多いので、あまり勢いでやらないほうがいいです。

▼ハウスリスト作りからはじめる

顧客獲得のためのマーケティングの基本は、見込み顧客となるハウスリスト作りからはじめます。

ハウスリストとは、自社サービスの情報を送る先で、さらに反応が高い人達のリストです。

たとえば、NTTが発行している電話帳を使えば、片っ端から電話をしていっていつか顧客に出会うことができます。

ただこのやり方は、ご想像の通り恐ろしく非効率で、いつ顧客に出会えるかも、わかりません。

電話によるマーケティングであれば、理想は電話をしたら一定以上の人が確実にサービスに興味を持ってくれることです。そのために情報を投げた時によく反応してくれるリストが必要なのです。

ハウスリストは自分の人脈であったり、ブログの読者であったり、YouTubeのチャンネル登録者であったり、お試しキャンペーンなどで登録してもらった人のリストであったり、さまざまな方法で作ります。

ネット上などで何かのキャンペーンのためにメールアドレスなどを登録させているのを見かけたことがあるかと思います。ああいった活動がハウスリスト作りになります。

また、ハウスリストを自分で作るのが大変な場合は、すでにあるハウスリストを利用させてもらう方法もあります。

たとえば、私の起業支援サービスの場合、やみくもにネットで広告を出しても反応率が低いので、ドリームゲートという起業支援サービスを活用しています。ドリームゲートにはすでに起業に興味を持っている人達が登録をしており、その人達に向けてドリームゲートは定期的に情報を発信しています。

私は、ドリームゲート上でセミナー情報などを告知することにより、こちらのサービスについて知ってもらうきっかけを作っているのです。

もし、**自分一人でハウスリスト作りが大変そうであれば、すでに誰かが所有しているリストを活用させてもらうというのも手**だということを覚えておきましょう。

▼顧客獲得の時間を短くすることも考えよう

ハウスリストさえ作っておけば、後はそこに顧客が興味ありそうな情報を流し、自社製品を知ってもらえれば顧客獲得につなげることができます。やみくもに広告を打つよりも確実に顧客獲得できます。

ただ、最初にも書いたように、どのようにハウスリストを作るかがなかなか大変なので、新規顧客のための時間を多めに見積もる必要があるのです。

顧客獲得のための時間を短くするには、顧客開拓ノウハウを持っている人間を採用するか、コンサルタント料を払って教えてもらう、もしくは営業代行会社に手数料を支払って実際に紹介してもらうしかありません。

▼顧客獲得を会社員時代に行う

見込み顧客がいない状態から起業するということは非常にリスキーだということを覚えておいてください。ある程度顧客獲得の目処がたった状態になってから起業をしないと、すぐに資金が枯渇してしまう危険があります。売上が伸びない中、自分の生活費で資金がどんどん消えていってしまいます。

あらかじめ、新規顧客獲得が大変で、時間とお金がかかることがわかっていれば、それにそなえた準備ができますので、この点だけは意識しておいてください。

アライアンス・事業提携をうまく活用

▼アライアンス・事業提携できないか考えよう

顧客の獲得を加速させたいのであれば、すでに顧客の獲得ができている人と組むのが一番早いです。自分一人で顧客の獲得に苦しむよりも、助けを得ながら顧客を獲得していくことができます。

企業間で利益を生むために協力し合い、提携することをアライアンスと呼びます。アライアンスのメリットはお互いの弱点を補い合い、複数社で1社では展開できないような事業をすることです。

起業したばかりの時点でのアライアンスは対等な関係で組むというよりは、相手に助けてもらうという目的のほうが大きいです。

もし、相手が持っていない人脈だったりノウハウを紹介したり、相手にとってもプラスになるイベントなどを企画することができれば、すでに成功している人にとってもメリットがあるので、アライアンスを組むことは可能です。

とはいえ、普通に考えたら簡単なことではありません。

アライアンスのメリットは、自分のブランドを上げることができることです。

たとえば、まったく実績がなくても業界でNo.1の人であったり、すでに業界で実績を出している人とつながっていることを示すことで、自分の信用力は上げられます。あなたも政治家や芸能人、また著名な経営者と一緒に写真を撮影している人を見かけたことがあるはずです。

有名人の後光効果はバカにできません。その有名人と知り合いというだけで、信用力が上がります。

▼実力と社会的信用の両方を得ている方とアライアンスを組む

アライアンスを実現する際に大事なのは、自分よりも上の人とつながることです。すでにビジネスが軌道に乗っていて、実力もあり、社会的信用を得ているような方です。

たとえば、もしあなたにサービスを売り込んできた相手が、ソフトバンクの孫正義さんと仲良しだという話をして証拠も見せられたら、相手の話をすぐに信じてしまうことでしょう。

もちろん、孫正義さんほどトップクラスでなくてもいいので、少なくともあなた自身があこがれたり、うらやむような人だとベストです。

まだ実績もないあなたがそういった方とつながるためには、さきほども説明したパーソナルブランディングが必要となります。自分自身のビジョン、ミッションを説明し相手から共感が得られればつながることは十分可能です。

私自身、経営者としては無名ですが、企業の講演会などで講演しているような方と講演会後に名刺交換をして、自分のビジョンを伝えることで、賛同してもらえて人脈を広げています。

私が起業支援を始めた当初、実績もなく会社としてのブランド力もない中で、最初に行ったのが起業家インタビューでした。

ビー・スタイルの三原社長から始まり、スープストック東京を運営しているスマイルズの遠山社長、ライフネット生命の出口社長と数々の有名社長にインタビューをしました。

インタビューした記事を自社のホームページに掲載することにより、会社としての信用力を上げていったのです。

インタビューをさせていただいた中でも、群を抜いてアクセス数があり、人気コンテンツになったのが、ユーグレナの出雲社長です。30代で東証一部に上場させ、世界で初めてミドリムシの大量培養に成功させた注目度が高い起業家です。

では、どうやって出雲社長と知り合ったかわかりますか？

あるイベントで審査員として出雲社長が登壇していたので、その後で名刺交換をしてインタビューの依頼をさせていただきました。

こう書くと、講演後にインタビュー依頼をすれば、誰も簡単に対応してくれるかというとそんなことはなく、無視されたり断られたりというケースは何度もあります。それでもめげずにオファーし続けると、トップクラスの方とつながる機会があるということです。

こちらの熱意や想いがあれば、つながれる方とはしっかりつながれるのです。

どのようなビジネスであれ、「人脈」がすべての命となってきます。

いい人脈さえあれば、いいアライアンスを作れるし、顧客を呼び込むことが楽です。起業支援をしていて、意外にも人脈の大事さを意識していない方が多いので、貪欲に人脈を作ることを意識してください。

第7章

会社にいるうちにできる準備

会社にいて時間に余裕がある時に身につけておきたいもの

会社員のうちに身につけておきたいスキルがあるとしたら、営業力、企画力、マネージメント力の3つの能力と、経営、マーケティング、ITに関する基礎知識です。

もちろん、これらのスキルは起業後でも身につけることはできます。

ただ、事業が軌道に乗り、経営が安定してこないと勉強する時間などなかなかとれません。特に起業直後はやらなければいけないタスクに追われ、本を読むことすら落ち着いてできないのが実情です。

できればこれらのスキルは、会社にいて時間に余裕がある時に身につけておきたいものばかりです。

身につけておきたい能力と知識

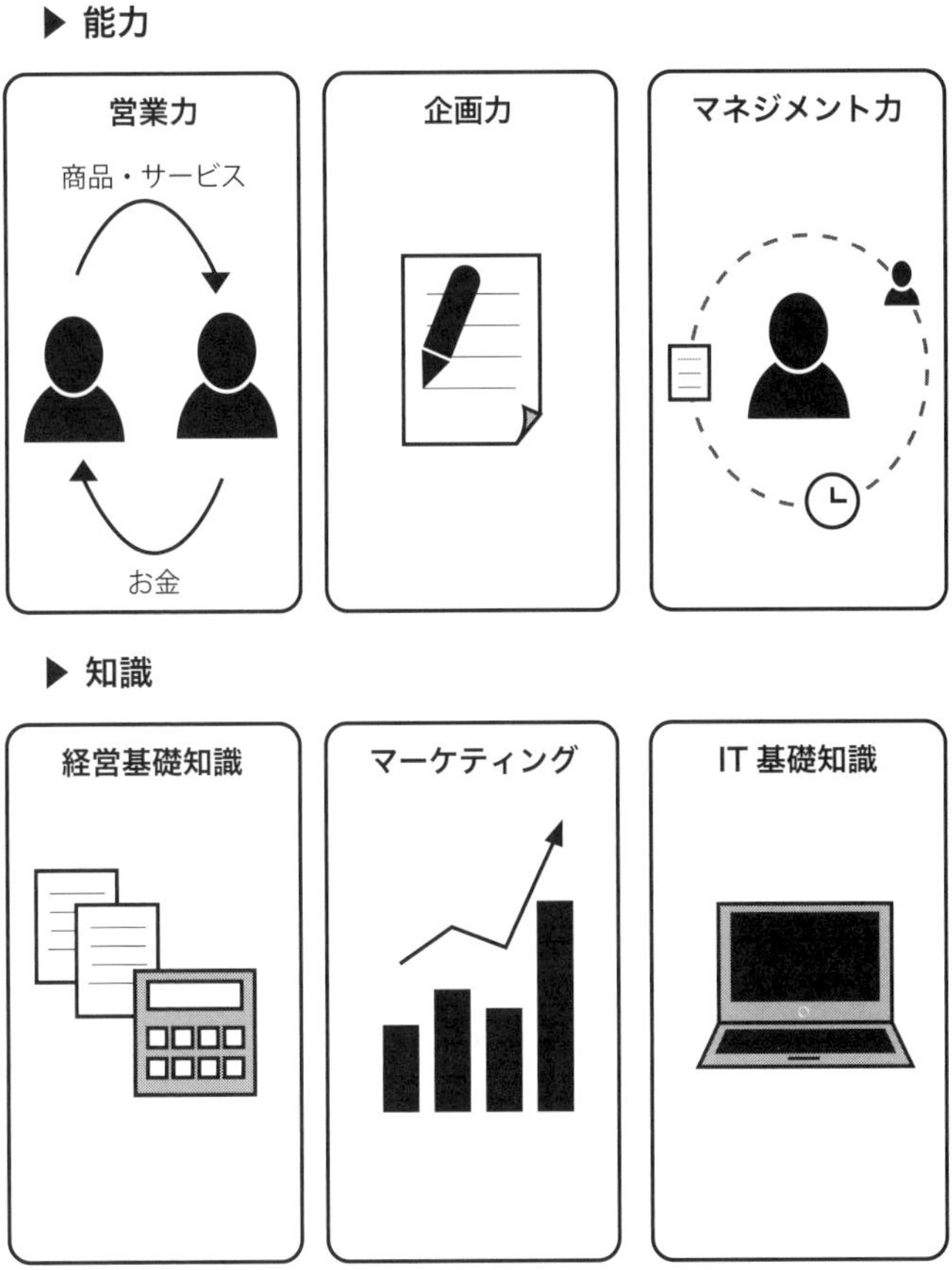

身につけておきたい3つのスキル

起業する前に身につけておきたい3つのスキルとは、次の通りです。

(1)営業力
(2)企画力
(3)マネジメント力

1つひとつ身につけ方を紹介しましょう。

▼営業力

営業力は顧客の獲得、新しい人材の獲得、資金調達でも必要で、起業する上で絶対に外せない能力です。

営業力と言うと、「営業は足で稼ぐ」といったようなドロ臭い訪問営業をイメージされる方がいるかもしれません。

たとえば、東京A地区にある1軒1軒の家をローラー作戦で回るような営業を想像される人もいるでしょう。たしかにローラー作戦も確率論をベースとしているので、いずれかは契約がとれます。

意外かもしれませんが、むしろ実際は営業力がある人ほど、そのような非効率なしかたをしません。

営業力で大事なのは、クロージングする力です。何か提案をして、最後に相手にハンコを押させる力と言ってもいいでしょう。同じ提案でもクロージングできるかどうかで、結果は大きく違ってしまいます。

私が起業において営業力が大事だと思ったのは、多くの方の起業支援をしていて、営業力がある人ほど生き残る率が高いことに気づいたからです。

起業は予想外のことの連続です。当初思っていたことと違うことばかりが起きます。

そんな時に営業力がある人は、またどこからか新しい仕事を見つけて生き延びていくのです。起業に粘り強さを与えるのが営業力と言えます。

しかし、営業力は残念ながら、本を読んだからと言って、すぐに身につくような力ではありません。

私は高校時代に飛び込み営業のバイトを手始めとして、あらゆる営業の仕事を体験して営業力を身につけてきました。

実際に営業を何度も繰り返して、痛い目に遭いながら徐々に力をつけていく必要があります。

そのため、サラリーマンの間に営業職につくことができるなら、営業部門への配属を願い出るのもいいでしょう。

ただ、上司に申し出て営業部へ異動したり、営業職へ転職をするのも、人によっては難しいかもしれません。

そういう事情ならば、後述する企画力と合わせて、上司に社内改善のさまざまな提案をしてみましょう。営業力も同時に鍛えることもできます。

営業力とは、他人に自分の考えを提案し、合意をとりつけることでもあります。提案する機会を増やし、合意にとりつけるよう、日々プレゼンに力を入れていけば、営業力も身につけることができます。

▼企画力

企画力とは、自分がやりたいことに他人を巻き込む力です。

自分のアイデアを第三者に伝え、自分のアイデアに協力してもらうには、企画力を身につける必要があります。

誰かを誘ってご飯を一緒に食べに行く、というのも身近な企画の例です。

起業をしてビジネスをするのであれば、顧客を自社のアイデアに必ず巻き込まなくてはなりません。企画力が必須になります。企画力なしに起業することはできないと言ってもいいでしょう。

ただ、それほど重要なのですが、企画力のやっかいなところは、学べるところが少ないということです。大学でさえ企画の立て方を教えていませんし、企画についての研修を行っている企業もまれです。

そこで、意識的に企画力を高める工夫をしていきましょう。会社内で実践できるものとして、改善提案が挙げられます。

私は、キヤノンの工場にいた頃、毎月改善提案書を書かされていました。現状の仕事を改善し、より仕事の生産性が上がる提案を会社にしなくてはいけません。

その改善提案は、現状起きていることを観察し、改善できるプランを考えるといった流れになりますので、今思えば、先ほど紹介した起業のアイデア作りに関連しているところがあります。

また、上長が認める提案でなくてはいけません。上長及び会社にとってもメリットがあるプランにしないと受け入れてくれないので、どうすれば他人を巻き込めるかということを考えます。

このようなことから、改善提案は企画力向上につながるのです。

この時、改善提案書を出すだけであれば企画力の向上、さらに上司にプレゼンをするところまでいけば、営業力の向上にもつながるので、一石二鳥です。

▼マネジメント力

物事を管理し、当初立てた目標通りにコントロールして実行する力のことをマネジメント力と言います。

もし、マネジメント力がなかったら、経営がザルになり、お金の管理もいい加減になってしまいます。マネジメント力がなくても何とか経営をすることはできますが、あとで困ることが多いです。

気づいたらお金が底をついていたり、人を雇ったのに仕事をうまくふれずにコストだけがかかったり、納期に間に合わなかったりします。

会社員時代にできる鍛え方としては、ビジネス文書を作成するトレーニングを受けることです。管理するというのは、文書化し、見える化するということでもあるのです。

いくらお金があるのかを見える化して、いつなくなるのか計算できれば、キャッシュアウトの可能性を低くすることができます。

一見関連がないように思いますが、実はビジネス文書を作ることがマネジメント力強化につながるのです。

私がキヤノンにいた時は、調達管理という部署にいたおかげもあって、会社内に回っているあらゆる文書に触れることができました。そのおかげで、会社がどのようにして物事を管理しているのかを勉強することができたのです。

普段何気なく回っている社内の文書をぜひ観察するようにしてください。

知っておきたい3つの知識

起業する前に知っておきたい3つの知識とは、次の通りです。

(1)経営基礎知識
(2)マーケティング基礎知識
(3)ＩＴ基礎知識

▼経営基礎知識

経営に関する基礎知識は、好景気の時だったり、出す商品やサービスが次々に売れるような時には特に必要ありません。

なぜなら、会社はキャッシュが命なので、キャッシュが勝手に入ってくるような状態であれば、放漫経営でも何とかなるからです。

一方で、不景気だったり製品やサービスがなかなか売れない時には経営の基礎知識は求められます。お金がとにかく足りなくなる状況なので、どの費用をカットして、どのように利益を上げるのか常に考えなくてはいけないからです。

ご自身が新規事業で起業する場合には、キャッシュの悩みからは解放されないので、ある程度、会社経営について知っておく必要があります。

経営に求められる知識は、個人商店で必要とされる知識から、大企業で必要なＭＢＡ（経営学修士）クラスまで非常に幅広い知識となります。

起業時にＭＢＡを取得していると有利かというと、そんなことはありません。ＭＢＡを持っていたとしても起業で苦労している方は大勢います。

なぜなら、経営に関しては大が小を兼ねるということはなく、大企業は大企業なりのやり方があり、小企業は小企業のやり方があるからです。

私は、大学時代から簿記を含め財務会計や管理会計なども一通り学びましたが、自分の会社をスタートしてみたら、そんな知識よりもどうやって顧客を獲得したらいいのか、というドロ臭いほうが重要だと気づきました。

個人事業では、経営に関する最低限のお金の知識があれば充分です。

売上、費用、利益の関係、費用における変動費と固定費の関係、そして資金需要の見積もりをするキャッシュフロー表の作り方です。財務諸表や簿記の知識について、あればあったほうがいいですが、決算書を読めない社長はけっこう大勢います。皆さん、税理士などに任せてしまっているのです。

このあたりの知識については入門書がいくらでもありますので、ご自身にあったものをいくつか選んで数冊読んでみてください。

▼マーケティング基礎知識

営業力と同時に、顧客獲得の上でもう一つ必要なのが、マーケティングに関する知識です。何もしなくても、口コミで勝手に商品が売れるのであれば楽なのですが、現実はそんなに甘くはありません。どうやって自社が作った商品やサービスを多くの人が買ってくれるのかマーケティング戦略を立てなくてはいけません。

マーケティングについては、さきほどネットマーケティングについて書きました。それ以外にもダイレクトマーケティング、口コミマーケティング、展示会マーケティング、メディアマーケティング、エリアマーケティングなどなど、書いたらキリがないくらい、マーケティングにはいろいろな種類があります。

ネットマーケティングを一つとっても、ディスプレイ広告、ＳＥＯ対策、ソーシャルマーケティングなどなど、こちらもかなり細かくさまざまな方法があります。

これらのマーケティングをしっかり勉強しようとすると、ビジネススクールでみっちり時間をかけないといけなくなってしまいます。マーケティングについては、基本概念をしっかり抑えておくことがポイントです。

また、マーケティングの手法とともにコピーライティングについて学んでおくこともプラスになります。

コピーライティングとは、チラシの文章です。チラシやダイレクトメールを読んだ人がつい購入したくなる文章さえ書ければ、マーケティングの効果を最大に引き上げることができます。

チラシだけではなく、ホームページなど、あらゆるところでコピー文章が求められます。

コピーライティングについては書籍でもいいのですが、「宣伝会議」といったプロのコピーライターを養成するようなビジネススクールから通信講座などがあります。

実際に文章を書いて添削してもらうほうがレベルは上がりますので、実践できる場で学んでみてください。

▼ＩＴ基礎知識

ＩＴに関しては、ＷＥＢ制作会社やシステム開発会社を起こそうとするのでなければ、本来必要ありません。

ただ、今の時代、ネットやパソコンなしに企業活動をするのは困難な時代です。今どきホームページはなくても、メールアドレスもパソコンも使っていない会社というのはなかなか見かけません。企業活動をする上でＩＴ知識は必要となります。

さらに、起業家としてＩＴについて学んでおくべき理由としては、外注にＩＴに関することを依頼する時に、無駄なく仕事をお願いできるようにするためです。

ホームページの仕組みも知っていないと、必要以上のことを外注先に依頼しかねません。そうなると制作側は余計な機能を提案してきたり、本来つけておいたほうがいい機能を抜かしたり、こちらの意図せぬことが起きてしまうのです。

そして、こちらにＩＴに関する知識がないと、意味がないことが起きていても気づかないまま見過ごしてしまい、お金が余計にかかります。

起業時点でホームページを作ってみたものの、業者とうまくいかず、別の業者に作り直しをお願いした、というのはよく聞く話です。

業者もわざとしているわけではありません。発注側の意図がよく読めないので、ズレた仕事をしてしまうのです。業者と円滑なコミュニケーションをとるためにも、最低限のITに関する基礎知識は必要です。

ITの知識が必要だからといって、プログラミングについて、一から勉強する必要はありません。世の中のホームページ、インターネット、パソコンなどがどのような仕組みで動いているのか、そのメカニズムについて知っておけばいいのです。

また、**業界の仕事の流れとして、プロデューサー、ディレクター、制作といった人達がどのような役割分担で仕事をしているのかを知っておくと、発注のトラブルが減ります。**

たとえば、本来はプロデューサークラスにお願いするような案件を制作クラスにお願いしてしまうと、いくら説明をしても実現できないということがあるのです。

ITに関して書籍という手段もあるのですが、IT業界で働いている人に教えてもらうのが一番です。やはり現場の生の声を聞くと、抑えどころがよくわかります。

会社外での勉強方法で起業力をつける

前項のスキルを見て、より深い税務や法務、人によっては労務といった知識は必要ないのか心配になった方がいるかもしれません。

実は起業において税務、法務、労務といった知識はあまりいりません。税金がわからなかったら税理士、法律がわからなければ弁護士、社員の取り扱いについてよくわからなければ社労士、といったようにそれぞれの専門家に任せればいいからです。

会社以外でできる勉強方法としては、社外のセミナーや勉強会にはどんどん参加してください。最近はストリートアカデミーなど学びのプラットフォームにおいて、あらゆるビジネススキルについて学ぶことができます。

また、書籍も読んでおいて損はありません。最低数十冊、１００冊読めばだいたいのことに対応できるようになります。

さらに営業力、企画力、マネジメント力を総合的に鍛えられる方法として、イベント主催者になることです。イベントは遊びを目的としたものでも、勉強会でも、飲み会でもかまいません。

たとえば、飲み会といった大変そうではない企画の場合でも、皆が参加してくれるような企画を立てないと、1回は参加してくれてもだんだんと反応してくれなくなります。皆が参加したくなるイベントを企画するのに企画力、参加を呼びかけて実際に来てもらうのに営業力、お店を抑えたり、人数を管理したりお金を管理したりするのにマネージメント力が必要です。

主催をして集客をしてみると、人が思ったように集まってくれなかったり、なかなか大変なことに気づくはずです。

むしろ、イベントを主催することがあまり苦労ないようであれば、起業に関しての基本的なスキルが身についているという証拠かもしれません。安心して起業してください。

会社を辞めなくてもできる起業準備

起業のための具体的なアクションとして、会社員時代の間に行っておいてほしいステップは左記になります。

(1)自己分析
(2)ヒアリング
(3)プロトタイピング
(4)テストマーケティング

すべての工程を踏まずに、ビジネスアイデアを思いついてすぐに起業することもできますが、起業前にある程度ステップを踏んでおくと、起業したあとのトラブルを減らすことができます。

トラブルというのは思ったより売れなかったり、お金を稼げなかったり、といった予測外のトラブルです。地震も来るのがわかっていれば事前に身構えることができますが、突然来られるとパニックになります。

同じように、起業後にパニックになって追い詰められないようにするのが、起業準備です。

▼自己分析

起業の基本はとにかく自分を知ることです。またかと思われる方がいるかもしれません。それでも何百人も支援していて、これだけは外せない項目です。

とにかく「なぜ」自分が起業をするのか、「なぜ」その事業をするのか、第2章で書いた「Why」について、ひたすら自分の中にある答えを見つけなくてはいけません。

これをしておかないと、**起業したあとでなぜ起業したのか、なぜこのビジネスをやっているのかわからなくなってしまい、一気に気持ちが冷めてしまうことがある**のです。

紙面の都合上、ここでは詳しく自己分析のしかたを書きませんが、私が指導する場合はだいたいA４用紙で30枚ほどは書いてもらっています。

それだけの量、自分について書き出す必要があるのです。自己分析についてはたくさんの書物が出ています。起業に関係なくぜひ本屋に行って、自分にあった自己分析の本を手にとってやってみてください。

自己分析はビジネスをはじめてしまうと行う余裕はありません。目の前のどうやって稼ぐかで頭がいっぱいになるので、自分のことを見つめる余裕などなくなってしまうのです。余裕がある会社員時代のうちにに行ってほしいのが、自己分析です。

▼ヒアリング

ヒアリングとは、第5章「起業アイデアの見つけ方」で書いた通り、顧客を見つけて、顧客のニーズを引き出すために必要な作業です。

ヒアリングは自己分析を通して、自分のしたいことがある程度見つかったらすぐに行う作業です。

この段階では、ビジネスアイデアが具体的に固まってなくてもかまいません。一つのアイデアに対して最低でも10人以上はヒアリングするようにしてください。このヒアリング段階で最初のアイデアが消えることが多いので、最初のハードルと言えます。

▼プロトタイピング

プロトタイピングとは、思いついたアイデアの試作品を作り、顧客のニーズを確認するために行う作業です。

たとえば、自分が新しいテーブルライトを作りたいとしたら、工場で量産品を作る前に３Ｄプリンターなどで模型を作り、その模型を顧客に触ってもらって、まずは顧客の声を聞きます。

試作品というとモノのイメージが強いのですが、サービスでも行うことができます。たとえば、田舎での職業体験ツアーをサービスとして行いたいのであれば、知り合いなどにお願いしてお金をもらわずに実際の職業体験をしてもらったりすればいいのです。他にも、映像でイメージだけ作って顧客に見せて反応を得る方法などもあります。

プロトタイピングはアイデアしだいでいろいろなパターンが考えられます。クラウドファンディングのサイトなどでは、商品化前のアイデアをいろいろと見ることができますので、ぜひチェックしてみてください。海外だと Kickstarter などが有名です。

プロトタイピングの基本はお金と時間をかけないこと、完璧な商品ではなく、中途半端なものでもかまいません。

ビジネスアイデアの価値が伝わるかどうかがポイントです。

▼テストマーケティング

起業におけるテストマーケティングとは、顧客獲得の下準備、予約リストを作ることです。実際に商品やサービスを提供できる状態になったら、購入希望者がどれだけいるのかを調べるために、テストマーケティングを行います。

ここでのポイントは、予約金などはもらわずに、事前予約だけ先に受けつけておくことです。

そして、一定数量集まったら販売するということを伝えておけば、予約がまったく集まらなかった時のリスクを減らせます。

言うなれば、行列だけを先に作っておいて、間違いなく売れることがわかったらお店を開けるようなものです。お店を開けるタイミングは起業するタイミングでもありますので、起業をしたらすぐに顧客が獲得できます。

一方でテストマーケティングの状況がよくなければ、顧客獲得のための準備が整っていない証拠ですので、準備期間をもう少し延ばすことになります。慌てず、確実に進めるのが起業準備です。

▼会社員である間に準備をしておこう

会社員時代は最高の準備期間です。給与が安定しているので、生活費のことを気にせずに起業準備をすることができます。安定していない状態で起業してしまうと、目の前の生活費を稼ぐことに追われてしまい、そのうちお金を稼ぐためにやりたくないことをどんどんはじめてしまいます。

また、会社員で副業、兼業禁止を気にする人がいますが、気にする必要はありません。就業規則にもよりますが、副業、兼業の規制は収入を得るために他のビジネスをすることを禁止していますので、お金を稼がずに、本業に支障や損害がないように起業準備すればいいからです。

収入を得ると、確定申告などで会社側に知られることがあります。収入を得ていなければいいわけです。もちろん、起業をして収入を得られはじめたら就業規則違反となりますので、注意してください。

会社が嫌だからといって、会社をやめてから起業準備をする人がいます。できればすぐにやめないほうがいいです。私が支援していて、ご自身の経験がない職種における新規事業だと早くて半年、長いと数年準備にかかることはざらです。

どうしても今の会社に勤めているのが嫌であれば、一度転職をして安定収入がある状況で準備を進めてください。起業準備している途中で、やりたいことが起業でなかったことに気づくケースもあるので、安易な退職は危険です。

といっても、この話は30代後半からの話です。20代だったら抱えているものがあまりなく、再就職も楽なので思い切ってチャレンジするのも手です。

一方で、**家族も抱えた40代だと再チャレンジが大変になってきます。30代、40代になったら、起業準備は慎重に進めることが求められます。**

会社員辞めなくてもできる起業準備

STEP 1
自己分析
とにかく自分を知る

STEP 2
ヒアリング
顧客を見つける

STEP 3
プロトタイピング
顧客のニーズを確認する

STEP 4
テストマーケティング
顧客獲得の下準備、予約リストを作る

起業するかどうかは「自分の感じ方」で見極める

起業を思いたったら、試しにどんどんやってみましょう。そして、考えるのではなく、自分がどう感じるのかチェックしてください。起業で一番多いのが起業しようかどうか悩み続けてしまうことです。

私が過去にお会いした方で、起業準備するかどうか3年間悩み続けていた方がいました。起業するかではなく、起業準備にです。

ある程度アイデアをお持ちだったので「スタートしてみたらどうですか？」と聞いてみましたが、結局悩み続けて前に進めない状態でした。

他にも20代で起業したいと思ったのに、50代になってしまった、というような方も何人か見かけています。悩む方はずっと悩み続けてしまうので、起業にはあまり向かないのかもしれません。今できることからはじめることが大事です。

やれることはとにかく行動してやってみて、ワクワク感を感じなければストップしま

しょう。気持ちが乗らない時には無理にやる必要はありません。私も起業支援をしていて、相手を無理にせっつきません。

プレッシャーをかけると、無理に起業しなきゃとなり、つらくなってしまってストレスを抱えるようになるからです。それでは起業の楽しさがない状態なので、意味がありません。

顧客に触れたり、商品やサービス作りをはじめると、気乗りしてどんどん前に進む人もいます。まだ起業準備の途中なのに、熱が入ってしまい、会社を辞めてしまったような人もいました。そういった人はどんどん起業準備が進み加速していきます。

起業準備は頭で考えずに準備を通して自分の気持ちを素直に感じることがポイントです。

やりたいことはうれしくてすぐにやるし、やりたくないことはいつまでも行動しません。ご自身の体がやりたいか、やりたくないか答えを知っています。自分が起業に対してどのように感じているのかを常にチェックしてください。

人脈作りにいそしむ

私は起業をする上で、人脈の人数についてある程度目安を伝えています。現在と同じ年収を得たいのであれば、リアルに会った方で最低200人、年収1000万円以上を目指したいのであれば、2000人は目指してください。

理想は名刺交換をして、最低でもその後ランチなり打ち合わせなどをしたことがある人数です。この数字は感覚的なもので何の裏づけもありません。

ただ、人脈が多ければ多いほど収入アップにつながる相関関係があることは、過去支援していた方を見て、間違いはありません。

▼まずは異業種交流会から

数千円で開催している異業種交流会はまったくお勧めできません。出会うのは保険の販売か、不動産の営業か、ネットワークビジネスか、と言われています。参加していい人脈と出会えたという話はほとんど聞きません。

それでも、今まで人脈作りをしたことがないならば、まず参加してみてください。オープンな異業種交流会はいい人と出会える確率は少ないのですが、参加しやすく、人脈作りにおいてスタートしやすいからです。

また、いい人とだけつながろうとする人がいます。人脈は確率論です。人脈のうち5パーセントが自分にとってプラスで引き上げてくれる人だとすると、200人であれば10人、2，000人であれば100人です。

いい人とだけ出会おうとしても、なかなか出会えないのが人脈作りです。世の中には多種多様な人がいて、自分と合う人合わない人がいます。

まずは会って、数を追うことからスタートしてみてください。

▼学びの場は同志が集う

セミナーやワークショップ、高額な研修にビジネススクールなどは、興味が近い人同士が集まるので、いい仲間ができやすいです。

学びが終わった後も情報交換がしやすく、そのため次につながりやすいのが特徴です。

高い研修にはそれだけ自分自身に投資をしている人が集まっているので、いい人脈作りが期待できます。

以前、スタンフォード大学のビジネススクールを出られた方に、スタンフォードに行って何がよかったかお聞きしたら「人脈」とおっしゃっていました。あのクラスになるとシリコンバレーの実力がある方達と人脈ができます。

ちなみにスタンフォードでは、２年間で生活費も入れて２０００万円近くかかるそうです。

自己投資をすることが人脈につながりますので、無理ない範囲で自分に投資をしていくことは、いい人脈につながります。

▼ネットワークビジネスにご注意

最近は本屋で起業コーナーにいると、「起業のトレーニングができる」と称して、ネットワークビジネスの勧誘が盛んに行われているようです。

ネットワークビジネスはネットワーク内での強固な人脈はできますが、外部と遮断されるので、気をつけてください。

なぜなら、ネットワークビジネスはつねに誰かを誘い続けていなくてはいけないので、その噂が自分の持っている人脈に広がり、周りがどんどん遠ざかってしまうのです。

私の知り合いでも何人もネットワークビジネスの沼にはまり込み、消えていってしまった人を見てきています。

結果として自分の人脈が消えることになるので、注意が必要です。

人脈作りのための3つのポイント

▼パーソナルブランディングを先に作っておく

新しい人脈を作っていくのであれば、自分が何者か明らかにする必要があります。いつでも自分のことをプレゼンテーションできるようにしておきましょう。

▼直接会うことが大事

SNSが発達したおかげで、ネット上で簡単に人とつながることができるようになりました。一方で起業において一度も会ったことがないネット人脈はあまり活きません。LINEの友達が600人いても、こちらのお願いに対してほとんど反応がないようなケースを見てきました。ネット人脈はリスクをとることに対して動きが鈍いので、自分のために動いてくれる人が得られる確率は非常に低いのです。

拡散のためのネットワークと違い、人脈は直接会っているかどうかがポイントです。

▼高いところには高い人がいる

費用がよりかかるところ、他人のために何かをしているコミュニティなどに、いい人脈がいます。

さきほどの学びの場でも書きましたが、費用がかかるということは、リスクをとれる人達が集まっているということです。高いから絶対にいいというわけではありませんが、数千円の異業種交流会よりも数十万円の勉強会のほうが、成長意欲が高く、貪欲にビジネスを進めようと思っている人が多いのは、事実です。

ボランティアとかチャリティとかは、ある程度自分のビジネスや生活に余裕がないとできないことなので、それなりのステータスを持った人達が集まってきます。

ただ、チャリティ活動などをしている人は真剣に困っている人のために活動をしているので、人脈作りを目的にチャリティ活動などをすると、すぐに嫌がられることもあるので注意してください。

どのようなビジネスであれ、「人脈」がすべての命となってきます。

起業支援をしていて、意外にも人脈の大事さを意識していない人が多いので、貪欲に人脈を作ることを意識してください。

第8章

法人にすべきかどうかの分岐点

会社設立はそれほど難しくない

昔は株式会社を作るのは大変でした。資本金として最低1000万円必要だったり、取締役として複数名必要だったりしたので、簡単に株式会社を設立することはできませんでした。

まだ私がお金に余裕がない個人事業主の時にはまだその規制があって、テレビ朝日と法人として契約を結ばなければいけなかったため、苦労をしました。

日本で株式会社を作るのはとても無理な状態だったので、アメリカで会社を設立して、日本に営業所登記をして株式会社を設立するという裏技を使ったのです。

今では資本金1円、取締役1人で会社を作ることができますが、資本金1円と言っても1円で株式会社を設立することはできません。定款認証料や登録免許税といった費用を払わなくてはいけないので、25万円程度かかります。

今は自分でやっても士業に任せてもかかる費用は変わらないことも多いので、任せたほうが楽に設立できます。

今、会社設立に最低限必要なのは、代表者、資本金、資本金を証明する個人の銀行口座印鑑、事務所の場所、株主（代表者本人でＯＫ）と手続きにかかる費用、です。今住んでいるマンションが賃貸で、マンションを本社所在地とした場合、大家さんの承認が必要となる場合があります。

特に営業目的によっては許可がおりない場合があります。勝手に登記をしてあとでトラブルにならないように注意をしてください。

今は安いレンタルオフィスや住所だけ貸すようなバーチャルオフィスなどもあります。多少費用がかかってもそういったところのほうが安心して登記できます。また住所も郊外よりも都市部のほうが、しっかりとした会社だと思わせられる信頼性が高いので、わざわざ銀座の住所で登記する人も多いです。

会社名や事業目的など、かなり悩むところが出てきますが、会社設立を請け負ってくれる士業などに相談すれば、いろいろと教えてくれます。

任せれば、地域によっては１か月程度かかるものの、23区内であれば１週間もあれば設立することができますので、会社設立はいつでもできると思ってください。

思ったよりもかかる会社維持コスト

▼赤字でもかかる事業税

会社は作ることよりも維持のほうにコストがかかります。国税となる法人税は赤字の場合には税金を払う必要がありませんが、地方税には均等割という赤字でも毎年お金を払わないといけない税金があります。資本金の額と地域によって、支払う税額は違うので、注意しておきましょう。

東京都の場合、２０２０年現在だと最低7万円は毎年かかります。7万円は月々に直すと大した金額ではないように思われるかもしれませんが、お金がない赤字の時にはけっこうな負担となるのです。

▼法人の決算は税理士にお任せ

個人事業主の確定申告の場合、会計ソフトであったりオンライン会計サービスなどで、税務署に提出する確定申告書類まで自力で作成することができます。

一方で法人の場合、日々の経理を処理する会計機能のソフトと決算時の書類を作成するソフトが別になっているのと、税務署への提出書類には膨大な記入項目があり、自分で行うことはあまりお勧めできません。

私が創業した時は時間があったため、いろいろと調べて自分で税務署への提出まで行っていた時期もありました。今は、あまりにも大変なので、税理士に依頼をして書類を作ってもらっています。

税理士にかかるコストとして起業したてであれば月額1万円～2万円、決算時には5万円～15万円ほどかかります。つまり年間を通してみると安くても17万円はかかるということです。売上が数百万円にしか満たない起業時だと、かなり大きな負担額となるでしょう。

税理士は、会社で起きているお金の流れを整理してくれる記帳業務の代行だけではなく、どういった費目であれば費用として計上できて、どういった費目だと費用に計上できずに、税金の対象となるのかを教えてくれます。

これを理解していないと、税務署による税務調査の時に指摘を受けて思った以上の税金を払うことになります。

税金はあとで支払いが発生します。特に最初の1年目は税金を支払ったことがないので、税金の支払いがあることを忘れがちです。

一番のトラブルは、第1章でも書いたように儲かっているからといって、いろいろなお金を使ってしまい、税金を支払う時に払うお金がなくて困ってしまうような状況です。

決算時に慌てて税理士に相談するケースをよく見かけます。わからなければ税理士が必ずアドバイスをしてくれますので、早め早めに相談してください。

決算期直前に無理矢理調整をしようとすると、脱税とみなされるケースがあるので、起業をしたら、早めに顧問となる税理士を見つけて依頼したほうがいいです。

▼税金よりも意識しなくてはいけない社会保険

法人の時に一番大きな負担となるのが社会保険です。法人にすると、一人であっても社会保険に入らなくてはいけません。

個人の場合だと、国民年金と国民健康保険に加入してお金を支払いますが、法人の場合には厚生年金保険と、健康保険に加入し、個人負担と同額を会社として負担しなくてはいけません。

たとえば、年収が３００万円前後だと、健康保険料、厚生年金、児童手当拠出金で月約4万円を個人で負担する必要があります。

法人の場合だとさらに会社として同額を負担しなくてはいけません。つまり、個人事業主だと年間48万円の負担が、法人だと単純計算で96万円かかるということになります。

人を雇用した時に加入する必要がある労働保険と、一人でも加入義務がある社会保険とは別なので、注意してください。また個人事業でも5人以上の場合には加入義務があります。

社会保険は近年の財政悪化に伴い、国によるチェックが厳しくなってきています。一人でビジネスをしている時には大きな負担となりますので、社会保険を支払ってまで法人化したいのかと考えて決断する必要があります。

パーソナルブランディングさえあれば個人事業主でも充分

法人成りは個人事業主と比べて、間違いなくコストがかかります。資金的な余裕があれば社会的信用も得られるので法人のメリットはありますが、個人事業でも仕事をとれているのであれば、無理に法人にする必要はありません。特に**ブランドさえあれば、顧客獲得で個人が不利になることはあまりありません。**

▼大企業との取引には法人格が必須

法人が必要になってくるのは、新規の取引先が契約時に求めてくる時です。中小企業、特に小さい企業であれば経営者と直接やりとりすることもできるので、経営者が問題なければ、そのまま個人事業主で契約できます。

一方で、大企業であれば法務部がからんでくるので、法人形態が求められます。場合によっては信用ある会社かどうか、信用調査まですることがありますので、登記住所がヴァーチャルオフィスなどだと、その時点で取引ができなくなるようなケースもありえます。起業した直後や、小さい会社だと大企業と取引するのは難しいと思われている人がいるかもしれませんが、実はそんなことはありません。

私自身、テレビ朝日をはじめ、資生堂、ソニー、セガ、パイオニアといった大企業と直契約で仕事をさせていただきました。そういったチャンスがあるのであれば、法人のメリットは充分にあります。

▼融資を受けるのであれば、法人のほうがベスト

もし、銀行などから融資を受けることを考えているのであれば、有限責任の観点で法人がベストです。株式会社などは有限責任といい、会社で行ったことの責任は出資額を限度として、責任を負わなくていいということになっています。

たとえば、１００万円を自分が出資して会社を設立した場合、会社が行き詰まって倒産した時に出資した１００万円はあきらめなくてはいけません。それ以外に借りたお金や対外的な債務について返済義務がないということです。

一方で、個人事業の場合には無限責任といって、たとえ事業をやめたとしても、事業に

よって発生した責任はどこまでも負う必要があります。

なので、事業をたたむ時のことを考えると、法人のほうがどこまでも責任を負わなくて済むので、リスクヘッジできるのです。

とはいえ、銀行融資の場合には、融資する際に社長本人の個人保証をつけることを契約の条件にすることが基本なので、借金を返さなく済むということではありません。

ただし、日本政策金融公庫では、社長の個人保証をつけない形での創業融資の制度も用意していますので、そういったものを利用すれば、銀行融資のリスクを減らすことができます。

法律上有限責任だというだけなので、このあたりは直接銀行と交渉してみてください。

▼リスクが高いビジネスであれば法人、リスクが低ければ個人

無限責任と有限責任の違いが個人事業主と法人の一番の大きな違いなので、個人で弁済できる範囲でのビジネスであれば個人事業、個人の弁済能力を超えるようであれば法人という考えもあります。

提供している製品に瑕疵《かし》があって、顧客から多額な損害賠償を請求しかねないような場

合、個人だとリスクが非常に高くなります。

たとえば、個人事業主で原発事業などありえないわけです。

一方で、何かミスをしたとしても、業務委託をしている金額内レベルで責任をとればいいのであれば、個人事業主でも問題ないはずです。

自分が行おうとしているビジネスで何かトラブルがあった時に、どこまで責任を負わないといけないのか、考えておくことも判断のポイントとなります。

士業に仕事を依頼しよう

会社経営していく上で士業とのつき合いは欠かせません。裁判なども日本では弁護士に依頼をせずに自分でできるように、士業の仕事はやろうと思えば、全部自分で行うことは可能です。

ただ、そのためには必要な知識を勉強しないといけないので、自分の時間給を考えると相当なコストになります。お金と時間を節約するためにも士業に専門分野を依頼したほうが効率的です。

起業時に関わる士業について箇条書きでまとめてみましたので、まず参考にしてみてください。

会社設立関連
行政書士、司法書士、弁護士
※法務局への登記申請は司法書士、弁護士しかできません

税金に関すること全般
税理士

投資家から出資を受けることを前提にした起業の相談
会計士

起業をする上での基本的な相談、経営相談
中小企業診断士

人材雇用や、雇用に関する助成金相談
社労士

法律に関する相談
弁護士

許認可関係の申請、NPO 法人設立の認証申請
一般社団法人、公益社団法人、財団法人などの設立相談
行政書士

特許や商標などの出願相談
弁理士

士業選びの3つのポイント

会社員時代に士業に仕事を依頼したことがある人は、あまりいないように思います。
「どのように選んでいけばいいか、わからない」と言う人も少なくないでしょう。
そこで、この項では士業選びの3つのポイントを紹介していきます。

(1)安い士業を選ぶ時は自分の知識が必要
(2)士業によって得意、不得意分野がある
(3)知り合いからの紹介を活用

▼安い士業を選ぶ時は自分の知識が必要

士業を選ぶ時に、どうしても安い金額を提示してくる士業を選びたくなります。
しかし、ここで気をつけておきたいのは、サービスは金額と相関関係になるということ

です。

安い士業は安いなりの仕事となります。士業のほうも安い金額なので、手をかけられないと言った方がいいかもしれません。

もし、こちらがある程度の知識を持っていないまま、安い士業に仕事を頼んでしまったら、思った通りの成果を得られないと認識しておきましょう。

そのため、依頼しようとする分野についての知識があれば、安い士業に依頼してもいいと思いますが、そうでなければ少なくとも最安価の士業に頼まないほうがいいです。

仕事を丸投げして任せたいのであれば、高い士業を選ぶのがベストです。金額が高いということは、それなりのサービスをしてくれるということです。

▼士業によって得意、不得意分野がある

士業の仕事は幅が広いので、同じ士業でも専門領域がまったく違ったりします。

たとえば弁護士の場合、刑事事件、離婚相談、交通事故、相続、企業法務と多岐にわたり、法律に関することであれば、どんな仕事も請け負えます。

ただやったことがない仕事であれば、苦労するのは目に見えています。同じ弁護士であっ

ても、人によって得意なことと不得意なことがあるのです。

このように、士業に任せたなら大丈夫と安心していると、まったく仕事が進んでいないことがあります。未経験の分野にもかかわらず仕事がほしいので、「できます」と言って引き受けてしまう士業もいるのです。

士業とのトラブルを避けるには、事前に自分が依頼したい分野についての経験を聞いてください。しっかり実績を聞けば、自分が依頼したい内容について対応可能かどうかわかるはずです。

▼知り合いからの紹介を活用

また、専門家だからその道のプロかというと、士業によってレベルはだいぶ違います。こちらが思ったような成果が得られないケースは多々発生します。

「特許を申請したのに思ったように、審査が通らず却下された……」

「税理士に依頼していたはずなのに、申告に関して何も連絡がなく、申告日を過ぎてから申告する事態に陥った……」

たとえば、こんなことが起こるのです。

このような時、お互いに信頼関係があれば、多少の行き違いがあっても関係を維持できますが、そうでないとドロ沼の喧嘩沙汰になりかねません。

とはいえ、自分一人ではこの士業がいいとか、なかなか判断できないですし、どのくらいが適正な金額なのかもわからないですよね。

そこで、知り合いからの紹介を活用することをお勧めします。

知り合いなどから紹介を受けたほうが、余計なトラブルを避けられやすいですし、もしうまくいかなかったとしても、フォローが受けやすい面があります。

人に紹介できる士業は、その紹介してくれた人はもちろん、周りと信頼関係を築いている証拠だからです。

また士業同士は横のつながりがあるので、士業が士業を紹介してくれることもよくあります。

もし、依頼する内容について相手に不安があるようであれば、誰かいい人を紹介してもらえないか、素直に相談してみるのも手です。紹介ベースだと、紹介した人の顔を立てる必要がありますので、飛び込みよりもしっかりサポートしてくれます。

第 9 章

起業に関わるお金の話

開始時にかかるお金

次のページに掲載している表が起業時にかかるお金の主な項目です。

会社設立費において代行費用が1万円～5万円となっているのは、士業によってサービス料金が違ってくるからです。

中には無料で会社設立を引き受けるというところもありますが、税理士の顧問契約など別途契約しなてはいけないサービスを求められるなど、結果的に高い費用となることがあるので、注意してください。

起業すると、どうしても一国一城の主としてレンタルオフィスではなく、専用のオフィスを持ちたい気持ちにかられます。最初から専用オフィスを持とうとすると思った以上にお金を使うことになります。

まず事務所を借りる時に、個人事業の場合と比べて敷金が高いケースが多いです。店舗だと保証金として10か月というのは当たり前です。

開始時にかかるお金

項目	費用	計算式	金額
会社設立費	印紙代		４万円
	各種手数料（謄本代等）		数千円
	定款認証（手数）料		５万円
	登録免許税	資本金の 7/1000（0.7%）	15 万円～
	代行費用		1～５万円
	小計		
事務所関連	仲介手数料	家賃 ×1 か月	
	敷金・保証金	家賃 ×　か月	
	礼金	家賃 ×　か月	
	前払い家賃	家賃 ×1 か月	
	内装費	デザイン設計費＋工事費	
	小計		
事務用品関連	パソコン	単価 × 台数	
	ソフトウェア	単価 × 本数	
	そのほか OA 機器	コピー・プリンター等	
	什器類	机・イス・棚	
	文房具費		
	小計		
通信費関連	ネットワーク施設費用	インターネット	
	電話権利	固定電話	
	携帯電話機本体		
	小計		
広告宣伝費	企業ロゴ制作		１万円～
	名刺作成	デザイン料＋印刷部数	
	チラシ、パンフ製作	デザイン料＋印刷部数	
	ホームページ制作	企画料＋デザイン＋ページ単価 × ページ数	
	小計		

項目	費用	摘要
機械・設備関連	機械購入費	車両・加工機械など
	設備導入費	
	システム導入費	
	小計	
仕入れ関連	預託費	
	小計	
無形資産	のれん代	
	ソフトウェア（自社開発）	
	商標利用料	
	特許使用料	
	小計	

そして、意外にお金がかかるのが事務用品関連です。机、椅子、棚といった什器にＯＡ機器類など、会社専用で揃えようとすると、それなりの投資金額になります。

私は最初の創業時にオフィス用ビルで20平米の小さい部屋を借りてスタートしました。それでも家賃以外に80万円ほどかかったのを覚えています。什器の他にプリンターやら仕事に必要なものを買い集めたところ、けっこうかかったのです。

最初は自宅で登記するか、レンタルオフィスですでに設備があるところでスタートしたほうが安く抑えられます。

その他に、自社について知ってもらうためには会社の名刺だったり、ホームページなどを作らないといけません。

この時、会社の方向性が決まらないうちならば立派なものを作る必要はありません。名刺なども凝ろうと思えば凝ることができるものです。

私がデザイン系のビジネスをしていた時は名刺印刷を凝りに凝ったため、１枚１００円というようなかなり高価な名刺を使っていました。１枚の値段が高くても、デザインを売りにしていた企業だったので、営業ツールとして意味があったのです。

ネット上で１００枚４００円とか安く作ることもできますので、最初は簡素なものでもいいでしょう。ホームページについては、今は無料で作れるようなものもあります。ネットからの集客を考えていないのであれば作らなくても仕事はできますので、お金に余裕がなければ無理に作る必要はありません。

起業時は起業したうれしさからか、気持ちが大きくなり、何かとお金を使ってしまいがちです。

特に融資を受けると、融資のお金も自分のお金のように勘違いして使い込んでしまいます。この先長くお金と戦っていきますので、**手元資金をとにかく残せるように創業時のお金は慎重に使いましょう。**

毎月必要なお金について

起業した後、毎月出ていく主な項目についてまとめてみました。簿記上の分類のしかたと違い、キャッシュフローベースでの分類になります。

物作りをする場合には、ここに材料費などの製造原価や加工費などがかかります。個人事業で大型投資がいる製造業を行うケースはほとんどないので、ここでは割愛しています。

その他、ご自身のビジネス固有で発生する項目については個別に追加していってください。

顧客獲得関連は、どのような集客方法をつかうかによって、変わってきます。

・ネット広告などを中心にマーケティングする場合には広告宣伝費

・ネット広告は出さないけれどホームページの検索対策などで集客する場合にはホームページ運用費

・地道に直接会って営業するのであれば営業経費

毎月必要なお金

項目	費用	摘要
人件費関連	基本給与	給与 × 人数
	交通費	
	社会保険料	雇用保険、社会保険、厚生年金
	福利厚生費	菓子代、飲食代等
	小計	
事務所関連	家賃	
	水道光熱費	
	小計	
通信費関連	携帯電話代	
	電話代	
	ネットワーク料金	
	小計	
営業経費関連	広告宣伝費	
	ホームページ運用費	
	交際費	打ち合わせ代、飲み会代
	小計	
仕入れ関連	仕入れ費	仕入れ単価 or 仕入れ料率
	外注費	外注作業単価
	小計	
その他雑費	消耗品費	事務用品等
	荷造り運送費	郵便代・宅配便代
	小計	
借り入れ返済	月額返済費	元本＋利息
	小計	
その他 外注費	税理士	
	顧問料	
	コンサルティング費	
	小計	

下請けで仕事を獲得する場合には、接待などしない限り、営業費用はほとんどかかりません。

原価関連は、売上を上げるのに必要な経費を入れます。次のように計上します。

・モノを仕入れて販売するような場合には仕入れ費

・ネットサービスを外部の技術者にお金を払う必要がある場合には外注費など

エンジニアやコンサルタントなど、自分一人で売上に必要な要素をまかなえるのであれば、自分の人件費がこれにあたります。そのため、ここの費用はかかりません。

雑費にはどこに入れたらいいのかが、わからない費用を入れてください。

その他外注費には、税理士や顧問料など、売上に関係なくかかる人件費などを入れてください。

会社経営をしていく上で毎月最低限必要となるお金のことを運転資金と言います。起業する前におおよそでいいので、毎月いくら必要になりそうか計算しておきます。そして、起業時には運転資金の分も余裕を持ってお金を確保しておく必要があります。

顧客がすでに確保できている場合であれば、合計金額の1か月〜2か月分、顧客はいないけど独立型の起業の場合3か月程度、未経験の新規事業の場合6か月程度は最低確保しておく必要があります。

たとえば、毎月の運転資金が50万円程度の場合で新規事業の場合だと３００万円くらいは運転資金として最低確保しておきたいところです。これは最低なので、できれば1年とか2年分とかあると、たとえ想定通りにうまくいかなくて何回か事業転換をしても、破産せずに乗り切ることができます。

また事業が軌道に乗った後も、運転資金の何か月分かをめどにお金を確保しておくと、何かあった時に対応できるようになります。不安定な景気だと3か月。またもしもの時のためには6か月分の運転資金があると、大きな不況があっても乗り切ることができます。

運転資金を確保できていないと、キャッシュアウトして事業がゆき詰まってしまいますので、常に余裕がある状態を作っていられると望ましいです。

調達別事業資金の違い

起業に必要なお金をどのように確保するか、というのはよほどのお金持ちでない限り誰にとっても悩みとなるはずです。

一番スタンダードなのは自己資金で、今までに貯めてきたお金のことで、それは起業のための必要資金として使います。

金融用語ではこれを自己資本と言い、自分以外からお金を調達することを他人資本と言います。

「お金を一生懸命に貯めて起業した」というのは、よく聞く話ですし、多くの方が実際に起業のためにお金を貯めています。

ただ、このやり方だとお金が貯まるまで起業できません。自己資本が少ない状態でも外部からのお金をうまく調達して起業しやすくします。

▼出資は返さなくてもいいお金

出資金は銀行の融資と違い、法律上返さなくてもいいお金です。

つまり、会社が立ちゆかなくなった時に出資金を出してくれた人に返済する必要がありません。

そのため、創業者の金銭的リスクを減らすことができます。個人事業の状態で出資を得るということはほとんどありませんが、スタートアップと言われる、今までにない分野で事業を起こそうとするケースではよく使われる手法です。

数億円という巨額な資金を出資で調達することもありますが、**１口１万円といった小口のお金で出資を集めることもできます。どうしても資金が足りない時は、家族や周りの友達から出資してもらうことも可能です。**

出資する側は、お金を出しても返ってこないかもしれないと思うので、その分、出資するかどうか慎重になります。

つまり、融資よりも厳しい目で創業者及び事業をチェックされるので、起業の時からお金を出してもらうことはなかなか大変です。

それに、知り合いだからといって甘えていると、関係がこじれることがありますので、出資してもらった以上のリターンをする意識は忘れずに持っておきましょう。

また、出資を受けるには、基本的に会社の株を渡す必要があります。ということは、経営権の一部を渡すことになります（経営権を渡さずに出資を受けるやり方もありますが、ここでは割愛します）。

お金を出してもらえるからといって安易に出資を受け入れると、社長だったはずなのに追い出されてしまうことがありますので、注意してください。

中には悪意なく、株の51％以上を普通に要求してくる投資家もいます。

お金に困っていて多額のお金をちらつかされて、よくわからずに要求をのんでしまう経営者もいます。

出資を受けるときは会計士なりコンサルタントなり、専門家の意見を必ず聞くようにしてください。

▼融資は返さなくてはいけないお金

融資は借金なので、借りたら必ず返さなくてはいけません。その代わり、株の発行などしなくてもいいので、経営権については自由が保たれます。

起業家の中には、経営権のほうが大事なので、出資ではなくリスクがある融資を選択する方も多いです。

融資を受ける際、申請時にお金の使い道についても申請しないといけませんが、創業レベルだと融資を受けたあとでチェックを受けることは、ほとんどありません。比較的自由にお金を使えます。

創業融資は、事業内容よりも前年度の給与水準をベースに審査されるケースが、ほとんどです。

なぜなら、融資担当者は経営コンサルタントではないからです。飲食や小売りといったわかりやすい業態以外、ほとんど事業内容についてあまり理解できません。特にＩＴ系だとさっぱりです。

そのため、事業内容よりもしっかりお金を返せる人物かどうかのほうを気にするので、過去にどういった仕事をしてきたのか、チェックされます。

前年度ほとんど給与をもらっていなかったり、定職についていなかったりすると、審査が厳しくなる傾向があるので、注意しましょう。

▼開発資金として融資を使わない

サービスや製品を作るために銀行融資をあてにする方がいますが、創業時の原則として開発資金に銀行融資をあててはいけません。

作ろうと思っている製品やサービスが必ずあたるのであればいいのですが、あたらなかった場合には借金しか残りません。

つまり、起業が賭けごとになってしまい、リスクが非常に高くなってしまうのです。**融資はあくまでも運転資金にあてるのが原則だと覚えておきましょう。**

たとえば、作ろうと思っている製品の予約者が1000人いて、販売するために融資を受けるのならいいのですが、予約者が0人の段階でとりあえず作るために融資を申し込んではいけないということです。

また、1円でも赤字になると銀行は基本的にお金を貸してくれません。創業融資を使い果たしてしまい、追加で融資を受けようとしても銀行は相手にしてくれません。赤字でも借りられるのは、それまでに信頼あるつき合いをしてきた時だけです。

つまり、返済実績があれば信用残高が増えるので、融資を受けることができます。

そのため、使うあてはないけれど、借りても使わず信用を溜めるために銀行融資を申し込むのはありです。今なら利息が非常に低いので、利息はいざという時のための保険として支払うと思えば、非常時に助けてくれる可能性があります。

▼あてにしてはいけない助成金

助成金は使ったお金に対して支払われるのが基本です。ということは、手元に資金を用意できていないと意味がないので、助成金をあてにして商品やサービスを作ることはできません。

助成金を前払いだと勘違いされている方は少なくありません。注意する必要があります。**助成金は手元資金に余裕があり、さらにキャッシュフローを改善したい時に有効です。**そのため、起業時よりも事業がある程度軌道に乗ったあとのほうが有用性は高くなります。

また、助成金は手続きが面倒でそれだけに時間がとられます。助成金によっては何十枚も書類を書かされます。

一人で仕事をしている場合は、手続きをしている間は仕事ができなくなるので、助成金のために時間をとられているうちに売上が下がってしまうこともありえます。

以前私が申請をした時に、あまりにも手続きが大変なので担当者に「なんでこんなに大変なのですか?」と聞いたところ、「助成金の不正受給が多いため」と聞いて納得しました。

とにかくたくさんの書類を書かないといけないので、お金を支払ってでも専門家に依頼したほうが楽です。

助成金は行政の予算しだいで毎年変わるので、最新情報を常にチェックしておきましょう。

▼商品開発のリスクを抑えられるクラウドファンディング

試しに商品開発をしたいのであれば、クラウドファンディングが有効です。クラウドファンディングは営利目的だけではなく、社会貢献的なものから、アート作品作りまで、幅広い分野でお金を集められるようになってきています。

クラウドファンディングは一定額以上のお金が集まらないと不成立となるため、無理に製品を作らなくて済みます。

一方で、クラウドファンディングでプレゼンをしてみてお金が集まるようであれば、それだけ多くの人が製品に期待しているということなので、開発に着手すればいいわけです。おまけに製品の予約者が確保できていることにもなるので安心して作れます。

このように、ビジネスとしてクラウドファンディングを使うのであれば、テストマーケティングの一環として使うのがベストです。自分の思いついたアイデアが受け入れられるのかどうか、チェックすることができます。

クラウドファンディングも、見せ方しだいで獲得金額が違うので、ノウハウを持っている方に相談するのがベストです。初めてであればクラウドファンディングの担当者にいろいろ相談してみるのも手でしょう。

日本の主なクラウドファンディングサイトとしては、マクアケ、キャンプファイヤー、レディーフォーなどが有名です。

起業前に作っておきたいクレジットカード作り

残念ながら、この国では個人事業主や起業したばかりの経営者は、社会的信用において地位が一番低い状態です。

起業したあとでクレジットカードなどを作ろうとすると、高確率で審査が通りません。融資審査時に所属している会社の業歴が何年かを書かなくてはいけないので、できたばかりの会社だとそれだけで落とされてしまうことがあるのです。

私は、創業してから数年で銀行から１０００万円近く借りるだけの信用残高を得ていましたが、その後わずか70万円のリース審査も通らなくて困ったことがありました。財務諸表も問題ないので、何が問題なのか信用調査会社に勤めていた友人にこっそり聞いてみたところ、業歴が浅すぎるのが原因だろうと言われました。それほど、日本では何年会社を続けているかということが、評価のベースとなっているのです。

ちなみに、社会的信用力が一番高いのは公務員です。ある知り合いの公務員は20代で

３０００万円のマンションローンを３つほど審査通していました。

一方で、数億円の売上規模がある友達の経営者は４０００万円の住宅ローンが通らなくて苦労していました。それほど銀行の個人審査には格差があるのです。

起業をすると、クレジットカードを作ることが非常に困難になります。

もし、クレジットカードを持っていないのであれば、会社員の間にできる限り、作っておいてください。

3つの銀行口座を使い分ける

起業をしたら、絶対に必要になるのが預金通帳です。個人事業主で個人通帳のまま仕事をすることも可能ですが、それでも屋号なり会社名がついた通帳は商取引の中で求められます。何より個人の通帳しかないとなると、信用問題につながることになります。

起業をしたあとにどこで銀行口座を作るか悩まれると思います。私がお勧めしたいのは、基本は都銀、信用金庫、ネット銀行の3つです。それぞれどこがメリットでデメリットなのか、紹介していきましょう。

▼都銀は会社のステータスとして持っておく

都銀は会社のステータスとして一つ持っておくのがいいでしょう。全国に支店がありますし、銀行名を言うだけで相手に伝わるので、振り込んでもらう時などに楽です。

その一方で活用しようとすると使い勝手が悪く、ネットバンキングの手数料なども異常に高く、ＡＴＭでしか使えない口座と思ったほうがいいです。

最近は口座開設に対して消極的なので、簡単に作れなくなっています。口座開設にあたっては個人の取引状況をチェックされるので、今まで給与を振り込んでもらっていた都市銀行などが一番作りやすいです。

▼信用金庫はフットワークが軽い

信用金庫は都銀と比べるとフットワークが軽く、資金調達に困っている時などにも気軽に相談してくれます。

都銀から融資が受けられることは非常にまれです。都銀はあまり小企業に融資をしません。

一方で信用金庫は積極的に関わってくれるのと、口座開設などもスピーディに行ってくれます。融資を受けることを考えているのであれば、信用金庫に口座を一つ持っておくといいでしょう。

▼ネット銀行はお金の振り込みや入金確認に便利

ネット銀行は、お金の振込や入金確認などをするのに一番いい銀行です。

都銀や信用金庫をオンラインで使おうとすると、別途月額の手数料をとられることがほとんどです。都銀などはオンライン使用料と口座に振り込みがあった時の入金通知など、それぞれに費用がかかったりします。

その点、ネット銀行は追加費用なしにオンラインで入金があった時の通知などもメールや携帯で受けとることができます。使い勝手としては非常に便利です。

一方で、ネット銀行はＡＴＭでの出し入れに手数料がかかります（条件によっては手数料がかからないケースもあります）。

現金の出し入れを頻繁に行うようであれば、それ相応に維持手数料がかかることを覚悟しましょう。

銀行にはそれぞれ一長一短があります。それぞれ使い分ける意味で3種類あると無難ですので、覚えておいてください。

３つの銀行口座を使い分ける

銀行	メリット	デメリット
都銀	銀行口座を持っておくと、取引先やお客様から信用を得やすい	ネットバンキング手数料など異常に高い 小企業はなかなか融資を受けられない 口座開設も簡単にはできない
信用金庫	融資や資金調達の相談に応じてくれる スピーディーに口座開設も行ってくれる	
ネット銀行	追加費用なしでオンラインでの入金通知を受け取れるし、振込もできる （都銀も信用金庫も別途手数料が取られる）	ＡＴＭでの出し入れに手数料がかかる

第10章

起業にあたって必要なマインドセット

他責にせず自責にできるか

会社の経営がうまくいっていない経営者ほど、会社の業績がよくないのは社員のせいだ、他社のせいだ、政治のせいだ、と儲からない理由を他人のせいにばかりしています。

起業家も同じように、うまくいっていない人ほど、うまくいかない理由を他者のせいにしてしまいがちです。「顧客が製品の価値を理解してくれないから売れなかった」といったようにです。

自分が抱えているストレスを他者のせいにしたいという気持ちはわかります。私自身もビジネスモデルの相談で70万円近く支払ったコンサルタントが、大事な局面でアドバイスをしてくれず、お金が無駄になったことがあります。

今思うと、こちらの経験があまりにも不足していて、契約する前の確認を雑にしてしまったのが原因でした。今はこうやって本のネタとして書けるので、回収した気分ですが、当時はそんな悠長な気持ちではありませんでした。

そのため、人のせいにしたい気持ちはわかるのですが、人のせいにばかりしている人がうまくいっている話を聞いたことがありません。

どんなことでも、自分にも責任があると思うことが起業して成功を収める上で、大事なマインドセットとなるのです。

▼人のせいにしていると人は離れていく

会社員でしたら、自分の境遇や仕事に対する不満を上司や会社のせいにしても、同情してくれる人もいるでしょう。会社への不満をネタに飲み屋で盛り上がっている会社員は少なくありません。

しかし、起業してからは、そんな愚痴を言っていても、誰も同情してくれず、助けてくれないのが現実です。

会社員であれば他責でもある程度、仕事の保障はあります。責任をあいまいにしておけば、簡単に解雇されないからです。

そのまま起業したあとも同じようなマインドセットだと、簡単に仕事を干されてしまう可能性があります。

人は仕事がうまくいかなかった時に、その人の真価が問われます。

「外注した彼のせいでうまくいきませんでした」

「しっかりした指示がなかったので、うまく作れませんでした」

こんなふうに言い訳をしているようでは、自分の無能ぶりを周りの人にアピールしているだけです。

どういった外注を使うのか、どのように仕事の確認をするのか、どこにお金を使うのか、すべて起業した人の責任です。

そのことを考えますと、すべてを自分ごとにとらえ、自分で確認し、自分で決断することが大事になります。

また、他人のせいにばかりしていても、いい人脈は集まってきません。この本を読んでいる読者の皆様も、仕事がうまくいかない理由を他人のせいにしている人とは、あまりつきあいたくないはずです。

起業では相手が変わるよりも自分が変わることを選択しなくてはいけません。これができると、自然に自分を助けてくれる人が周りに集まってくるので、起業準備や起業後の経営がだいぶプラスに変わってきます。

会社員時代は許されていた他責を、起業後は自責に転換しないといけない、というのは大きなマインドシフトです。

何かうまくいっていない時に、他人のせいにしていないか、胸に手をあてて、自分に問いかけてみてください。

自己啓発本に振り回されず自分のペースで

世の中には数多くの成功するための書籍が出ています。今の私はゲシュタルト療法士として人間心理の深いところまで学び、トレーニングを受けているので、成功マインドセットを説く自己啓発本の問題点に気づいています。

とはいえ、大学時代にあらゆる自己啓発本にはまりこみ、デール・カーネギーの『道は開ける』『人を動かす』（共に、創元社）は何十回と読みふけりました。

ただ、起業において、自己啓発本を参考にすると内容に振り回され、起業がうまくいかなくなることがあります。自己啓発本に書かれているのは、自分をコントロールできる成功者の話であり、世の中全員にあてはまる話ではありません。

つまり、できる人と自分とを比較しても、焦りだけが生まれて、空回りしてしまうのです。

成功している人は成功している人、自分は自分、というように境界線を引けるかが大事です。

マラソンでたとえると、早く走っている人に無理について走っていくと、ペースが違いすぎるので、タイムを更新するどころか、完走すらできないかもしれません。無理してリタイヤするくらいなら、自分のペースを知った上で、できる限りいい記録を出そうとしたほうがいいですよね。

そもそも、起業の場合、皆同じコースの上で競っているわけではありません。自分のペースで完走を目指すことのほうが大事です。

私が支援させていただいている人の中には、新規事業であるにもかかわらず、3か月で準備を終えて成功したスーパーランナーのような人がいます。

一方で、3年近くかかり、ようやく事業が軌道に乗ったような人もいます。3年かかった人が自分の起業に満足していないかというとそんなことはなく、自分の事業に誇りをもって取り組んでいらっしゃいます。

世間では早く成功していることが偉いように思われる風潮があるため、どうしても引きずられてしまうことがあります。早いから偉いわけではありません。

「なんで他の人はできているのに私はダメなの？」

「なんで私はぐずなのだろう？」

「なんで私はまだ成功しないのだろう?」

グチグチ自分をいじめる行為が始まるのです。

古本業界に革命を起こしたブックオフを創業した坂本孝さんが会社を立ち上げた時は50歳でした。それまでに数多くのビジネスを立ち上げ、ブックオフでようやく大成功を勝ちとったのです。

また、統計上でも20代よりも50代のほうが起業においての成功確率が高いというデータも出ています。

意外に思った人も多いでしょう。

近年、若手起業家がメディアで持ち上げられているので、若くて早く成功したほうがいいと思われがちですが、実はある程度人生経験をしてからの起業のほうがうまくいくのです。

起業の相談をした時、「早くやりましょう、早く成功しましょう」というプレッシャーを与えられたことはありませんか?

もし、あるとしたら、それに振り回されないことが大事です。

早く成功しようと思えば思うほど無理をするので、成功から遠ざかってしまうことも考えられます。

何か無理をしようとしている時は、他人に踊らされていないかチェックしましょう。他人ではなく、自分がどうしたいのかが重要です。

成功している人と同じように成功したいと思うのですが、自分とは別の人間のことです。成功したとしても違う形での成功になるはずなので、コピーしてもまったく意味がありません。

起業では、自分のペースを保ち、ペースを乱さないことを意識してください。

うまくいかなかった場合は勇気ある撤退を

▼粘り強く続けることだけが成功のカギではない

海外、特にアメリカの起業家を見ていると、うまくいかないとスパッと事業をやめてしまうケースが多いです。

一方の日本の場合、文化的背景の影響でうまくいかなくとも、とことん時間とお金を投資してしまい、最悪の結果になるまで突き進んでしまうことが多いのです。

たしかに、粘り強く続けた結果、成功する例はいくらでもあります。

しかし、そういった例は自分が証明したいことがハッキリしていて、どんなに叩かれてもやり抜くエネルギーを持っている時です。

早く撤退したほうがいいケースとは、自分よりも他人の目を意識して周りへの見栄を張り、ズルズルと事業を続けてしまうようなケースです。

特に日本人は自分の弱みを見せるのが苦手なので、プライドが邪魔をして決断がどんどん遅くなります。

日本人特有の「前向きに検討します」という言葉を皆さんもどこかで聞いたことがあるはずです。多くの場合、「前向きに検討する」という言葉は、ただの時間延ばしにしかすぎません。

起業において大事なのは、ズルズルと浮かび上がらないまま、10年間頑張るよりも、ダメな時はさっさと閉じて、数年後にまた浮かび上がるチャンスを狙ったほうがいい、ということです。

よくある失敗は、もう少しお金があれば持ち直せると思い込み、さらに借金を重ねて後に戻れなくなってしまう状況を作ることです。リスクが拡大していくので、どんどん状況が悪化していき、決断しなくてはいけない時に決断できなくなってしまいます。

とにかく自分を追い込まないことです。

一番最悪なケースは「自分が頑張らなければ」と全部背負いこんで、周りにも相談できないケースです。周りも悩んでいることに気づかずに過ごしてしまい、周りが気づいた時には、とことん自分を追い込んで、立ち直れなくなっていたということもあります。

「早い段階で相談に来てくれたら、よかったのに……」

さきほども述べましたが、早期に相談すれば解決できたかもしれません。そうなると余計に、周りからしても非常に残念な気持ちになるものです。

自分が全部背負いこむことは、必ずしもいいことではありません。くり返しますが、立ち直れなくなる前に相談しておきましょう。

もちろん、相談したからといって、すべてうまくいくわけでもありません。

仮にそうだとしても、とにかく失敗は当たり前のこととしておいて、無理はしないことです。事業を継続させることは大事ですが、自分のほうが大事です。

▼デッドラインを決める

そこで、生き残るために、安定収入を得られるかどうかをデッドラインとして決めて、線引きするのです。それを越えるようだと途中でやめるという勇気を持つようにしましょう。

私はこのようなことを書いていますが、何回かデッドラインを越えてしまったことがあります。

私の場合は、本当に奇跡のような綱渡りに成功して復活することができました。

ただ、復活できたものの、復活にだいぶ時間をとられたのも事実です。撤退する勇気をしっかり持ってさえいれば、もっといろいろなことができていたであろうと反省しています。

難しさを感じたならば、再チャレンジにかけましょう。そして、悩みを相談できる人を周りに作っておくことです。

勇気ある撤退が次につながり、再チャレンジによって、新しい道を見つけられるはずです。

営利性よりも人間性で起業する

私の起業支援のモットーは、営利性ではなく人間性中心の支援です。

営利性とは、儲かるか儲からないかを判断基準としてどんな事業をするかを決めていきます。人間性は自分自身が本当にやりたいかどうかを判断基準として決めていきます。

私が昔から人間性を中心に考えていたのかというとそんなことはなく、昔は営利性中心の考え方でした。常に儲かるビジネスアイデアを考え続け、チャレンジしようとしていました。

ところが、頭ではもっと儲けられる方法がわかっていたとしても、行動が伴わないことに気づいたのです。

頭の中のイメージと現実のギャップに気づいた時、どうやってそのギャップを埋めたらいいのかわからず苦労しました。営利性でみると、たしかに儲かるけれど楽しくないのです。

今では人間性を中心にして事業を組み立て直したところ、クライアントとの関係性は非常によく仕事における充足感がまったく違います。

これは私だけのことではなく、支援をしていて営利性中心のアイデアで起業しようとする人ほど、起業準備の途中で投げ出してしまうことがあることに気づきました。起業までたどりつければ、やはり儲かるのでそこそこ規模が大きくなって成長していきます。

ところが、だんだんと経営に対するモティベーションがみるみる下がっていき、しまいには「もう次のことをしたいのですが、どうしたらいいですか？」というような質問がくるようになります。半年ごとに、やりたいビジネスアイデアがコロコロ変わるような人がいたら、営利性中心で考えている証拠です。

なぜ、営利性が長続きしないかというと、お金は自分のことをほめてくれないからです。

営利性において他人から承認を得るにはお金を消費し、他人に自慢することによって承認を得ようとします。**事業に対する承認ではなく、お金持ちになったことによる承認なので、事業に対する動機づけとしては歪んでしまう**のです。

営利性のメリットは早く結果が出せて、無駄なことをせずに目標に向かっていくことができることです。その分、人間の感情というのは無視されていきます。

人間性のメリットは、働く人のストレスが軽減されることです。自分が行っている事業について自信を持って他人にプレゼンすることができ、周りからの承認を多く得られます。経営者だけではなく、社員も自分の会社に誇りを持つことができます。

ただ、必ずしも大きなビジネスになるとは限らないのと、数字よりも自分の感じ方を中心に据えるため、客観的にみると非効率的なことをしなくてはいけません。

たとえば、気持ちを常に確認するために自分と対話したり、社員と対話したりする時間が必要です。

どちらがいいかというよりも価値観の問題です。営利性中心の企業は急成長して規模も拡大することができます。副作用として社会的批判を多く受けることがあるかもしれません。それでも利益をしっかり上げられている限り、投資家や銀行から認められる存在となります。

人間性中心の企業は、いくら「人に優しい企業です」とアピールしても、赤字だと銀行は融資もしてくれません。その分協力したい、働きたいというような承認を得られる企業になることができます。仕事においての充実感がまったく違うのです。

自分がやりたいことで、しかも利益がしっかり上がることが理想的です。ただ「二兎追うものは一兎をも得ず」ということわざがあるように、まずはどちらの価値観重視で進めたいのかを決める必要があります。

私の場合には、儲かるかどうかを抜きにして、自分がやりたいことを中心にまずビジネスアイデアを考えて、後からどうやって儲けたらいいかを考えましょうと言っています。

営利性を捨てるわけではなく、人間性が先に来て、後で営利性についで構築していくということです。

第11章

起業準備がうまくいかない時には

とにかく人と会って話をする

日本の場合、「起業したい」と周りに言うと「やめたほうがいい」「絶対に失敗するから」といったネガティブな反応が返ってきます。

起業準備で一番難しいのは、こういう反応が返ってくることかもしれません。

それに対して、アメリカだと独立することを小さい時からたたき込まれているので、「いいね！」とか「やったほうがいいよ！」というポジティブな反応が返ってきます。

日本では安定した公務員がもてはやされるくらいなので、起業はまったく真逆の価値観だったりするのです。

ネガティブな反応に触れてしまうと、ついつい一人でこもって起業準備を進めようとしてしまいます。

しかし、誰にも相談することなく準備しようとすると、起業へのモティベーションがどんどんしぼんでいきかねません。

自分がやろうとしていることを誰にも話せないわけですから、孤独になりだんだんと疲れてきてしまうのです。

これを避けるにはとにかく人と会うことです。世の中には起業を応援しようとか、新しいことにチャレンジしたいと思っている人はけっこういるのです。

たとえば、私が支援している人を中心に交流会を開くと、参加者からいつも「参加者の皆さんが、誰も私のアイデアを否定しないので、ビックリしました」と言われます。

少なくとも私が開いている交流会で、他人のアイデアをけなす人はほとんどいません。

起業をしたいのであれば、起業を否定する人とつきあうのはやめて、起業を応援してくれる人とだけつきあうことです。

起業を前に進める人と出会うことができたら、自分のしたいことをとにかく伝えてみてください。伝えることによって、さらなる気づきが生まれることがあります。一人で考え込むよりも、他人がヒントをくれたりするものです。

私の場合、ビジネスアイデアを思いつくと、とにかく周りの人に話をしてみます。話した時にアイデアが抽象的でフワフワしていると、相手は怪訝な顔をするので、自分の中でまだ整理がついていないことがわかります。

つまり、もっとアイデアを練らないといけない証拠だと気づけるのです。

そして、相手に伝わるようになるまで、何回もプレゼンしてみます。

このやり方は「壁打ち」とも言われ、他人を自分の鏡にして何回もやりとりすることにより、アイデアのブラッシュアップをすることができるのです。

私が現在行っている起業支援も、最初から起業支援を行うつもりでビジネスを計画してはいませんでした。

最初はビジネスセミナーをいくつか開催してみて、参加者の声を聞いていたのです。そうしたところ、起業したい人が何人かおいでになり、話を聞いてみると、悩みが深いことに気づきました。

当初は会社設立などのテクニカルな支援をするつもりで準備して、提案したところ、私がお会いした方達の悩みはそこではなくて、「自分が本当にしたいことを見つけたい」というニーズだったのです。

そこでそれに合わせた起業支援サービスに変えていきました。起業の悩みを抱えている方達に出会わなかったら、そして、その方達に自分のアイデアをぶつけていなかったら、今の起業支援はしていなかったと思います。

なので、とにかく一人でアイデアを考え込むよりも、人と話すことを心がけてください。

人との出会いから新たな気づきが生まれ起業のアイデアにつながっていきます。

焦らず時代の流れが来るのを待つ

「待てば海路の日和あり」ということわざがあります。

海が荒れているときに無理に出港をしても危険だらけなので、海がおだやかになるまでしばらく待って、出港するのによい天気になるまで待ちましょう、という意味です。焦らずにじっくりと待っていれば、必ずいいチャンスが来ます。

私の経験上、経済危機が起きたり、大きな災害が起きると起業したい方が増えます。一方で、景気がいい時になると起業志望者が減るのです。

おそらく、今まで安定していたものが突然崩れると不安になり、自分で稼ごうという意識になるのではないかと思います。

ご想像の通り、経済の調子が悪い時に起業をすると、軌道に乗せるまで大変です。好景気の時ならば、何もしなくても売れるのに、不景気になるとそうはいきません。それこそ好景気の時の何十倍もの努力が必要です。

不景気の時ほど会社が頼りにならないので、焦って起業したくなるのですが、むしろ景気が悪い時は起業準備に徹して、できる限り会社にしがみついていくほうが正解でしょう。**何事も焦ると、適切な判断ができなくなり、苦しくなるだけです。経済状況がよくないときは早く起業したくなる気持ちを抑え、状況が落ち着くまでじっくり様子を見てみましょう。**

起業をあきらめるのではなく、起業準備の時間が増えたと思い自分の軸作りとスキルアップに時間を使えばいいのです。しっかりと前準備をしておけばおくほど、起業後が楽になります。

自分のパーソナルブランディングがまとまってビジョンが明確になって来ると、自然に周りから押し出されて起業するタイミングがやってきます。自分にとって楽に起業できるいいタイミングがあるので、それを感じとることが大事です。

起業をしないのも手

起業本なのに「起業しない」というアドバイスも変な話ですが、起業することがすべての人にとって最適な選択ではないということです。起業できないからといって劣っている人間というわけではありません。

起業はあくまでもその方の生き方に適した選択肢の一つだということです。

私がお会いしたある方で、起業をしたいのに起業準備が10年間まったく進まず、悩んでいたある方がいました。個別面談をしているうちに見えてきたその方の答えは「起業しない」ということでした。

「本当は起業したくなかったのに、起業しなきゃ」と思い込んでいて葛藤していたのです。

これはその方特有の話ではありません。

私の起業支援では、起業を無理に勧めないということを最初に伝えているせいか、支援を受けている人の実に3割近くは、起業とは別の道を選ばれています。

最初に書いたように、起業にはメンタルヘルスの問題がつきまといます。起業するのにこだわるあまり、メンタル不調になって人生を棒にふっては意味がありません。他人のために起業するわけではないので、他人の目や評価を気にする必要はありません。

「起業する」と宣言したのに「起業しない」と撤回するのは大切な勇気です。

起業する時はなんで起業したいのか、再度チェックしましょう。もしかすると起業しなければいけないと思い込んでいるだけなのかもしれません。

起業は無理にするものではなくて、自分がしたい時にするものです。「今、ここ」で自分の気持ちが高ぶっている時に迷いは消えるはずです。

そして、情熱が湧いてきた瞬間をとらえて、波に乗ってしまえば、気づかないうちに黒字を達成しています。黒字は苦労して獲得するものではなく、自分がしたいように事業を展開していたら、自然に達成しているのが理想的です。

起業はゴールではなくスタートです。

慌てて起業してしまうと、無理な起業に結果はついてきません。もしかしたら、周りは起業をあおるかもしれません。

それでも起業準備は自分のペースで行いましょう。ストレスなく自己実現できている感覚を味わいながら起業することを、私は一番伝えたいです。

もし、偶然の出会いと自分の気持ちがつながれば、起業の醍醐味をぜひ味わってほしいです。起業は予想外のことばかり起きるので、苦労の連続です。それでも苦労を感じさせない充足感と自信を起業は自分にもたらしてくれます。

最初にもお伝えした通り、会社に依存せずに自分の道を自分で開ける力を与えてくれるのが起業です。より多くの方が機会に恵まれることを祈っています。

起業準備のチェックリスト

- [ ] なぜあなたは起業したいと思ったのですか？
- [ ] 起業を通して自分が証明したいことは？
- [ ] なぜ、あなたはその事業をやりたいと思ったのですか？
- [ ] 事業を通して、どんな影響を社会に与えたいですか？
- [ ] あなたには起業を手伝ってくれる仲間はいますか？
（具体的な人物像のイメージ）
- [ ] 誰から「ありがとう」と言われたいですか？
- [ ] 顧客のどんな課題をあなたのビジネスアイデアは解決しますか？

謝辞

この書籍出版にあたり、古川創一さんに感謝いたします。企画案が何度ボツになっても、粘り強く関わっていただいたおかげで実現することができました。ありがとうございました。

この書籍の内容は、起業支援をしてきた経験を元に書いています。その経験をもたらしてくれたのが起業支援を受けていただいた方々です。皆様がいなかったら、この書籍は実現することができませんでした。

支援に関するフィードバックを数々もらい、皆様の生き様に刺激を受け、自分自身の考えに気づかされ、多くのエネルギーをもらいました。本当にありがとうございました。

そして、出版のために協力してくれた妻に感謝いたします。大変な時期に家族を支え、執筆のための貴重な時間を作ってくれました。また、士業として専門家からの意見は書く上で大変参考になりました。家族のサポートに心から感謝いたします。

その他、ここには書き切れないほど多くの方の支援でこの書籍はできあがっています。出会った皆さんのおかげです。ありがとうございました。

[著者]
大槻貴志（おおつき・たかし）
企画経営アカデミー株式会社代表取締役
ゲシュタルト療法士
U25 スタートアップ起業塾塾長
起業支援プラットフォーム「DREAM GATE」認定アドバイザー

1971 年東京中野生まれ、14 歳で起業に目覚め、日夜新規事業のことばかり考える新規事業の中毒者。アルバイトに大学、就職と、ひたすら起業準備を念頭に選択してきた人生を過ごす。人脈作りを目的に早稲田大学に入学し、国際交流サークルを立上げ、卒業時には 1,000 人規模のイベントをプロデュースする。大学卒業後、キヤノンに入社し、工場経営者育成コースに配属され、2 年目から新製品立上げを任される。
2002 年にデジタルコンテンツの販売ビジネスを始めるも大ゴケ、その後受託制作業に転換し、規模拡大に成功するものの組織崩壊を起こす。人を中心に経営する重要性に気づく。
制作業と並行して企画を教える塾を立上げ、大手通信会社に事業売却成功した起業家から、数億円調達した起業家など、シリコンバレーやシンガポールなど、国内外で活躍する起業家を輩出する。2008 年に企画経営アカデミーを設立し、本格的に起業支援を始める。
現在までに 3,000 人以上の起業志望者と会い、300 人以上の個人支援を実施。支援してきた業種も漁業から IT まで 70 以上の業種にわたる。モットーは人間性中心の事業創造支援で、会社に依存せず誰もが自立できる社会を目指している。

編集協力：古川創一

まずは 1 人で年 1000 万円稼ぐ！　個人事業のはじめ方

2020 年　5 月　30 日　初版発行
2022 年　12 月　12 日　第 8 刷発行

著　　者　大槻貴志
発 行 者　石野栄一
発 行 所　明日香出版社
〒112-0005　東京都文京区水道 2-11-5
電話　03-5395-7650（代表）
https://www.asuka-g.co.jp

印　　刷　美研プリンティング株式会社
製　　本　根本製本株式会社

ISBN 978-4-7569-2089-8

歴史が教えてくれる　働き方・生き方

本郷　貴裕

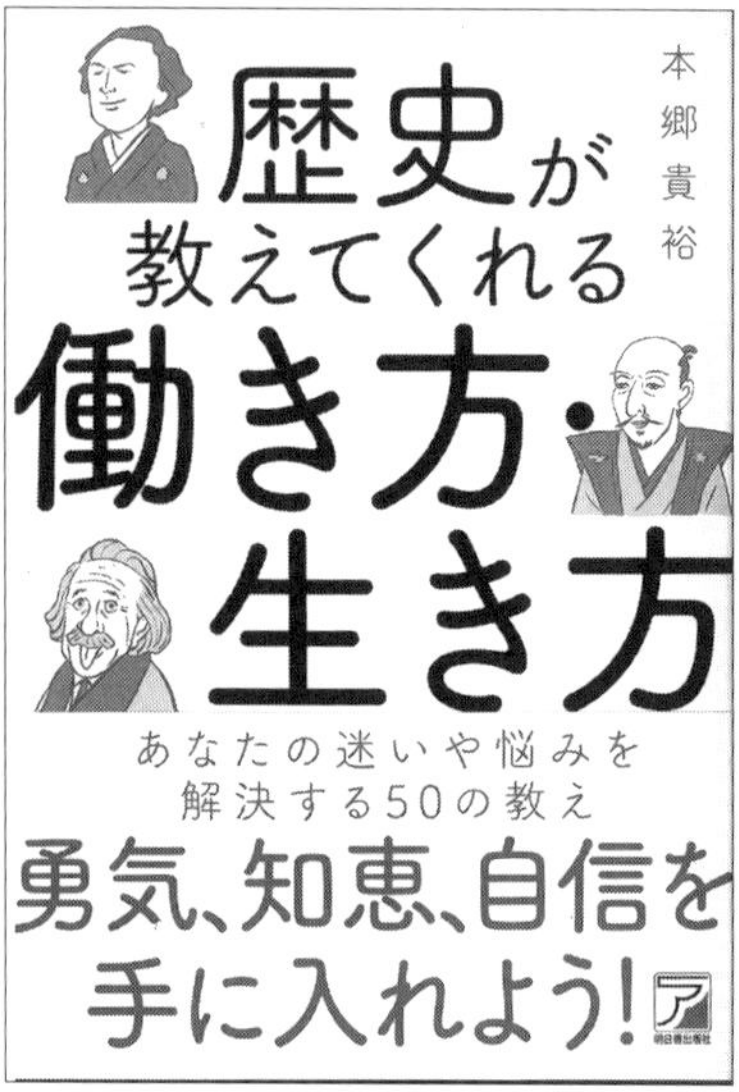

本体 1500 円＋税　B6 並製　344 ページ

ISBN978-4-7569-2068-3　2020/02 発行

さまざまな歴史上の人物が、私達社会人なら誰もが遭遇し得る状況と似た状況に追い込まれたときに、

「それをどのように乗り越えたのか」「そのことは私達にどう活かせるのか」という観点で 50 の話にまとめたものです。

織田信長は、徳川家康は、源義経は、坂本龍馬は、渋沢栄一は……

どんな人物だって紆余曲折があったのです。